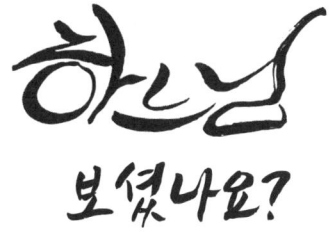

주상배 신부

예수님께서,
"하느님께서 주시는 선물이 무엇인지,
내가 누구인지 알았더라면
오히려 네가 나에게 청했을 것이다 …
이 우물물을 마시는 사람은 다시 목마르겠지만
내가 주는 물을 마시는 사람은 영원히 목마르지 않을 것이다.
내가 주는 물은 그 사람 속에서
샘물처럼 솟아올라 영원히 살게 할 것이다."
하셨다.

요한 4, 7-15

차례

1. 이 책을 만나신 소중한 당신께 ················ 7
2. 진짜 중요한 게 뭔지 생각 좀 해봅시다! ················ 11
3. 나는 지금 어디로 가고 있는가? ················ 15
   - 인간 존재의 목적
4. 인간, 가장 고귀한 존재 ················ 21
5. 영혼 ················ 24
6. 사람은 무엇을 원하는가? ················ 30
   - 삶의 목적
7. 희생, 헌신의 결실 ················ 35
8. 가장 가치 있는 행복 ················ 37
9. 죽음과 삶, 그 의미 ················ 41
10. 천국, 완전한 행복이 있는 그 곳 ················ 46
    - 정화의 장소
    - 잠벌과 보속
    - 하느님이 계시지 않는 곳
11. 악의 실체 ················ 52
12. 하느님 보셨나요? ················ 56
13. 하느님이 계신지 어떻게 알아요? ················ 60
14. 하느님은 어떤 분? ················ 68
15. 하늘과 땅 그리고 삼라만상 ················ 73
16. 인간 - 하느님의 최고 걸작품 ················ 78
17. 왜 인간을 만드셨을까? ················ 81
18. 인간의 타락 ················ 84
19. 자연 종교와 하느님의 계시(啓示) 종교 ················ 86
20. 성경, 하느님의 말씀 ················ 91

21. 셋이 하나? ·········· 94
22. 예수, 인간의 모습으로 오신 하느님 ·········· 98
23. 세상에 모습을 드러내신 예수 ·········· 102
24. 예수님의 몸과 피라, 글쎄요? ·········· 105
25. 예수님께서 돌아가심 ·········· 111
26. 예수님의 부활(復活) ·········· 116
27. 예수님께서 하늘에 오르심 ·········· 118
28. 성령(聖靈)께서 우리에게로 ·········· 120
29. 천주교회 ·········· 123
30. 가장 거룩한 제사이며 잔치인 미사 ·········· 128
31. 은총의 원천인 성사(聖事) ·········· 130
32. 십자성호 ·········· 135
33. 성직자와 수도자는 누구인가? ·········· 137
    - 성직자
    - 수도자
    - 수도원 체험기
34. 예수의 어머니 마리아 ·········· 146
35. 성인, 성녀들(聖人, 聖女) ·········· 155
36. 모든 성인의 통공(通功)이란? ·········· 160
37. 한국 천주교회의 간략한 역사 ·········· 163
38. 하느님을 증거 한 이들 ·········· 172
    - 어린 나이에 하느님을 증거한 순교자
39. 끊임없이 당신을 드러내시는 하느님 ·········· 176
40. 글을 마치며 ·········· 180
부록 ·········· 185

1. 이 책을 만나신 소중한 당신께

안녕하세요?

이 책을 만나 손에 드신 분들께 그 무엇보다 먼저 하느님의 축복을 빕니다. 저는 서울대교구의 주 상배 안드레아 신부입니다. 비록 일선 사목 현장에선 은퇴했지만, 인간의 삶에 대한 성찰과 하느님을 전해야 하는 소명에 은퇴는 없기에 그동안 계속 이 문제가 저에겐 주된 관심사가 되어왔습니다.

그래서 "너희는 온 세상에 가서 모든 피조물에게 복음을 선포하여라."[1] "나는 그 일을 위해 세상에 왔다"[2]라는 주님의 말씀을 마음에 새기면서 만나는 이들을 선교대상으로 삼아 자연스럽게, 이런 지향으로 대화를 이끌었습니다.

---

1) 마르 16, 15
2) 마태 11, 1

이런 얘기들을 풀어나가노라면 때때로 "신부님은 하느님을 보셨나요?" 라는 질문을 심심찮게들 해옵니다. 그럴 때면 순진했던 어린 시절, 제가 경험했던 신앙생활의 일화를 말씀드리곤 합니다.

저는 청소년시절에 신비적인 내용이 담긴 성인 성녀전을 탐독하며 많은 감동을 받았습니다. 어린 마음에 하느님의 뜻을 따라 성인들처럼 열심히 살다 보면 나도 언젠가는 그런 신기하고 놀라운 체험을 이를테면, 예수님도 보고 천사도 보고 공중에 떠오르는 기적도 체험할 수 있지 않을까 하는 기대를 은근히 가지곤 했었습니다.

그러던 어느 날, 부활하신 예수님께 대한 토마스의 불신앙에[3] 대한 구절을 읽게 되었습니다.

"네 손가락으로 내 손을 만져보아라. 또 네 손을 내 옆구리에 넣어보아라. 그리고 의심을 버리고 믿어라." 하고 말씀하셨다. 토마스가 예수께 "나의 주님, 나의 하느님!" 하고 대답하자 예수께서는 "너는 나를 보고야 믿느냐? 나를 보지 않고도 믿는 사람은 행복하다." 하고 말씀하셨다." 라는 대목이었습니다.

성경의 이 말씀을 읽은 후부터는 오히려 이상한 신비체험을 하게 될까봐 어린 마음에 걱정이 되었지요. 왜냐하면 안 보고도 믿는 이들이 행복하다는 예수님의 말씀대로, 안 보고도 믿음으로써 차지하게 되는 상으로서의 행복을 차지하고 싶다는 기특한 생각

---

3) 요한 20, 24

이 들었기 때문이었습니다. 그걸 보면 제가 순진하기도 했지만, 사실은 더 성숙한 신앙으로 이끄시는 하느님의 은총이었다는 생각이 듭니다.

그래서 이제 분명히 말할 수 있는 것은, 우리는 기본적으로 예수님께서 약속하신 행복을 차지할 수 있는 아주 행복한 사람들이라는 것입니다. 왜냐하면 우리 모두는 하느님을 뵌 적이 없기 때문입니다. 그런데 그 행복이 내 것이 되려면 단지 믿기만 하면 되는 것이라니 이 얼마나 쉽습니까?

그 누구도 아닌 바로 우리 자신을 위한 이 결단이 우리 앞에 주어졌습니다. 그저 받아들이기만 하면 되는 이 무상의 선물이 엄청난 하느님의 은혜이며 축복이기에, 당신의 몫이 되시기를 기원하면서 믿음을 절대로 뒤로 미루지 마시라고 말씀드리곤 합니다.

과학의 발달로 인해 인간의 사고방식, 생활양식들이 굉장히 빠른 속도로 변하고 있습니다. 이에 맞물려 세상도, 교회도 엄청난 변화를 겪고 있으며 이 변화는 더욱 가속화 되고 있는 느낌입니다. 그럼에도 불구하고 하느님이라는 변하지 않는 절대 진리는 존재하며 변하지 않을 뿐만 아니라 더욱 더 새롭게 우리에게 다가오십니다.

저는 그 하느님의 존재를 이 책을 읽고 계신 당신에게 일깨워드리고 싶기에 이 글을 시작했습니다.

그렇기에 저는 당신이 이 글들을 따라가는 길섶에서, 천지창조 이전부터 당신을 기다리고 계셨던 하느님을 만나시리라 기대할 뿐만 아니라, 육안으로 보는 것보다 더 큰 확신으로 그분을 뵙게 되리라 생각합니다. 그래서 당신의 삶이 그분 안에서 더욱 가치 있고 풍성해지기를 기원하면서 이 글을 써 내려가려 합니다.

2. 진짜 중요한 게 먼지 생각 좀 해봅시다!

"불이야"하는 다급한 소리가 들리면 누구라도 즉시 모든 것을 던져두고 황급히 일단 밖으로 뛰쳐나옵니다.
왜 그럴까요?
생명의 위협을 느끼는 불길 앞에서는 이 세상의 그 누구라도 예외 없이 죽지 않고 살기 위해서입니다.

이렇게 불길은 지체 없이 피해야 하는 것처럼, 급히 알아둬야 할 가장 중요한 사실이란 다름이 아니라 바로 우리 자신의 인생에 관한 문제입니다.

이런 의미에서 행여나 덜 중요한 것에 사로잡혀 정작 가장 소중한 것을 놓치고 마는 우를 범해서는 안되겠습니다. 그러려면 우리 모두는 단 한 번밖에 없는 삶, 한번 지나가면 다시는 되돌아올 수 없는 우리의 삶에서 미처 발견하지 못했거나 놓치고 간과해서는 절대로 안되는 그러면서도 너무나도 절박한 그런 불이 과연 어떤 것인지를 돌아봐야 하지 않을까요?

그렇기에 아무리 바빠도 지금 이대로의 나의 삶이 과연 옳고 괜찮은 것인지 혹은 꼭 먼저 풀어야 할 문제를 등한시하고 살고 있지는 않은지 하는 중차대한 문제들을 작정하고 진지하게 한 번쯤 살펴보아야겠습니다.

인간은 자신들의 삶에 대해 스스로 질문하고 답을 추구하며 사는 실존적 존재로서 하느님의 존재를 알게 된 유일한 피조물입니다. 하느님의 존재를 알고 하느님을 자신의 삶에 받아들임으로써 인간은 비로소 인생의 의미를 가장 풍요롭고 충만하게 할 수 있게 되었습니다.

하느님 품으로 돌아가신 전임 교황 베네딕토 16세께서도 이런 말씀을 하셨습니다. "그리스도인 실존은 역시 인간이 되는 대로 살아나가는 자만심에서 돌아서서 회개함으로써만, 자신의 존재를 돌이킴으로써만 실현될 수 있다"라고요. 즉 자신을 거슬러 하느님께 돌아서야만 참으로 인간이 된다고 말입니다.

얼마 전에 우연히 읽은 Sapience(사피엔스)라는 책에서 저자인 유발 하라리는[4] 이렇게 말하고 있습니다.

"인간이 신을 발명할 때 역사는 시작되었고
인간이 신이 될 때 역사는 끝날 것이다." 라고.
그런데 저는 그가 쓴 말을 이렇게 읽었습니다.
"인간이 하느님을 발견하였을 때 역사는 시작되었고,
인간이 하느님이 되려고 할 때 역사는 망하겠지만
인간이 하느님화 할 때 역사는 완성될 것이다." 라고요.

하느님화(化-Deificatio)라 함은 무슨 의미이며 어떻게 이루어지는 것일까요?
천주교에서 영세하기 위해 예전에는 320항목이나 되는 요약된 교리를 통째로 외워야 했는데 그중 가장 중요한 첫 항목에 바로 위의 물음에 대한 답이 이렇게 나와 있습니다.

"사람이 무엇을 위해 세상에 났느뇨?
사람이 하느님을 알아 공경하고 자기 영혼을 구하기 위해 세상에 났느니라."

자기 스스로 태어나거나 존재할 수 없는 세상의 모든 존재들은

---

4) 유발 하라리(Yuval Harari 1976~). 이스라엘인, 역사학자.

자기를 만드신 분의 의도에 따라 그 존재의 이유, 즉 삶의 목적을 부여받는다는 것입니다.

마치 비행기가 제 스스로 만들어진 것이 아니라 제작자가 따로 있듯이 그리고 그 목적이 하늘을 나는 것이기에 만일 날지 못하면 폐기되는 것처럼 사람도 절대 행복 자체이신 창조주에 의해 탄생된 존재이므로 그 존재 이유와 삶의 목적도 역시 그분께로부터 부여받았습니다.

그렇기에 그 뜻을 알아보고 그분이 약속하신 절대 행복 자체이신 창조주를 만나 그분과 일치하여 함께 영원히 살 수 있도록 이 세상에서부터 하느님이 가르쳐주신 선을 행하며 거룩하게 살아가는 것이 바로 존재 이유요 삶의 목적입니다. 그렇게 될 때 하느님을 닮은 영혼으로서 하느님화(化) 하여 자신과 이웃의 영혼을 구하는 존재가 됩니다. 만일 그렇지 못할 땐 영혼을 잃는 것입니다.

3. 나는 지금 어디로 가고 있는가?
인간존재의 목적

얼마 전 어떤 신자에게서 남편이 출근길에 교통사고를 당해 병원 응급실에 있다는 전화가 왔습니다. 퍽 위급하니 신부님이 오셔서 세례를 주시고 기도도 해주시면 고맙겠다는 다급한 음성을 듣고, 빨리 가려면 버스나 택시보다 더 나을 것 같아 전철을 이용했습니다.

그런데 전철을 타고 보니 정말 '출근전쟁'이란 말이 실감이 났습니다. 서 있기조차 힘든 전동차 내부는 마치 홍수처럼 사람들이 떠밀려오고 떠밀려가며 발 디딜 틈도 없었는데 환승역은 한층 더 했습니다.

그런 와중에도 이런저런 생각들이 스쳐 지나갔어요. 여기에 탄 수많은 승객들은 모두가 오늘 하루 각자의 목적이 있어서 그것을 이루기 위해 이렇게 일찍 어딘가를 향해 제각기 부지런히 가고 있는 거겠지. 그런데 혹시 이중에 누군가 자신이 어디로 가고 있는지도 모르면서 남이 가니까 그저 묻어서 따라가고 있는, 한마디로 겉보긴 멀쩡하지만 그런 정신 나간 사람이 있을까?

그렇다면 이쯤에서 "나는 왜 살고 있을까?"라는 질문을 스스로에게 한번 제기해보면 어떨까 하는 생각이 들었습니다.

혹자는 "왜 살다니, 나의 동의 없이 삶이 주어졌으니까 그냥 사는 거지"라거나 "아침부터 골치 아프게 별걸 다 가지고…" 등등 이렇게 말들을 하겠지.

문득 독일 실존 철학자 칼 야스퍼스의 말이 떠올랐습니다. 그는 바로 이런 이들을 두고,

"나는 왔누나 온 곳도 모르면서,

나는 있누나 누군지도 모르면서,

나는 죽으리라 때도 모르면서,

나는 떠나리라 갈 곳도 모르면서!"라고 했겠지, 맞는 말이다.

내가 신앙인이고 더욱이 사제라서 그렇겠지만 참으로 안타까운 것은, "생명은 죽음으로 없어지는 것이 아니라 목적의식이 없을 때 없어진다."는 스티븐 빈센트 베네의 말처럼, 나름 생각이 있

다는 사람들조차도 창조주로부터 부여받은 인생의 목적을 망각하고 살아가고 있는 사람들이 의외로 많다는 것입니다.

이들은 주어진 삶이니까 그냥 남들처럼, 남이 가기 때문에 묻어서 따라간다는 식의 삶을 살아가면서도 아무런 문제의식을 자각하지도 부끄러워하지도 않는다는 것입니다.

과연 우리의 삶이 덤으로, 여분의 것으로 여겨도 괜찮을 만큼 그렇게 대수롭지 않은 별 것이 아닌 걸까요?

이런저런 상념에 잠겨 있는데 어느덧 목적지인 000역이라는 안내방송이 흘러나왔습니다. 더이상 갈 필요가 없으니 부지런히 내리는데 또 이런 생각이 스쳐 지나갔습니다.

나는 지금 내 맘대로 더 가려면 더 가고 그만두려면 그만둘 수 있지만, 그 위독한 환자는 더이상 자기 뜻대로는 아무것도 할 수 없이 목적지도 종착지도 아닌 역에서 내릴 수밖에 없는 자신의 다급한 처지에 안타까워하고 있지는 않을까? 아니면 느긋하고 여유 있게 '이만큼 살았으면 됐지 뭐' 이렇게 생각하고 있을까? 하는 생각이 들었습니다.

아니면, 독실한 가톨릭 신자인 부인이 신앙을 가지라고 평소에 그렇게 간절히 권유했건만, 그때마다 뒤로 미루고 영원한 행복과 관계된 것들을 멀리하며, 지나온 많은 시간들을 후회하고 당혹해

하면서 지금이라도 조금만 더 시간이 주어졌으면 하고, 간절히 바라고 있지는 않을까? 아무래도 후자일 것만 같았습니다.

그런데 생각해 보면 그에겐 더이상 주어지지 않아 아쉬워하고 안타까워하는 바로 그 시간과 건강이, 우리들에게는 지금 많이 주어져 있다는 것입니다.

그는 누워있지만 우리는 이렇게 걸어 다닐 수 있고, 그이는 단 몇 분 후면 어떻게 될지 모르지만, 우리는 내일이 내게 올지 안 올지 불안해하지 않을 뿐만 아니라 전혀 신경도 쓰지 않고 살아가고 있다는 거지요. 왜냐하면 어제도 그랬듯이 오늘도 내일도 당연히 주어질 것이라는 데에 익숙해 있을 정도로 건강하기 때문입니다.

그래서 늘 건강하고 무사한 우리들에겐 죽음이 아직 멀리 있다고 생각하고, 하느님이나 영원한 생명, 영원한 행복 같은 종교 문제들은, 나중에 얼마든지 생각할 수 있는 절실하지도 않고 다급하지도 않은 문제라 생각해서, 지금 당장은 현실적으로 그렇게 심각하게 다가오지 않는 게 사실입니다.

그래서 하느님을 믿으라는 권유를 받으면 나이와 상관없이 대부분의 사람들은, 좋은 것이긴 하지만 당장은 절실한 문제로 여기지 않기 때문에 "지금은 사업하느라 바빠서 좀 곤란하고요, 이다음에 늙거나 병들어 마음이 약해졌을 때나 혹은 시간에 좀 여유가 생기면, 그때 생각해보도록 하겠습니다." 라고 하면서 완곡하게 거절하거나 그냥 적당히 얼버무리며 뒤로 미뤄버리는 경우가 많습니다.

그런데 이런 권유들이 사실은 주님께서 친히 그를 당신께로 부르시는 간곡한 초대인데도 말입니다.

시간이라는 것은 하느님의 영역에 속한 것이라 우리 마음대로 되는 것이 아닙니다.[5] 내게 지금 시간이 주어졌다는 것은 주님께서 나에 대한 사랑으로 인내로이 기다리시며 기회를 주시려는 것입니다.[6]

이렇게 하느님께서는 많은 계기를 통해 우리를 부르고 계시는데, 이 초대를 알아보고 더는 늦추거나 자꾸만 뒤로 미뤄서는 안 되겠습니다.

그리고 또 혹시라도 이런 하느님의 사랑을 일찍감치 알고 응답했다가, 세상살이에 떠밀려 그분의 사랑을 잠시 잊고 사는 이들이 있다면 더 늦기 전에 어서 빨리 다시 새롭게 시작해야겠지요.

"만일 도둑이 밤 몇 시에 올지 집주인이 알고 있다면 그는 깨어 있으면서 도둑이 뚫고 들어오지 못하게 할 것이다. 사람의 아들도 너희가 생각지도 않은 때에 올 것이다. 그러니 너희는 늘 준비하

---

[5] 야고 4, 13-17
[6] II베드 3, 13-15

고 있어라."[7]라고 예수님께서도 말씀하셨듯이 내일로 자꾸 미룬다면 우리는 인생의 골든타임을 놓쳐버리고 마는 우를 범하게 됩니다.

"해는 항상 떠 있는 게 아니고 질 때가 있음을 기억하라"는 말을 생각하면서 때를 놓쳐서는 안 될 것이고, "말은 물 있는 데까지 데려다줄 수는 있어도 물은 말 스스로 먹어야 한다."는 속담이 있습니다.

아무리 좋은 진리라도, 결국은 자신이 받아들이지 않는다면 아무 소용이 없다는 사실을 생각하면서, 우리 모두 지혜롭고 복된 이가 되어야 하지 않겠습니까?

---

7) 마태 24, 43-44

4. 인간, 가장 고귀한 존재

지구를 떠나 달에 간 우주 비행사들은 칠흑같이 어두운 우주 공간에서, 가장 아름다운 에메랄드빛을 발하는 아름다운 별을 보고 이루 말할 수 없이 감탄한다고 합니다.

그 초록빛의 아름다운 별이 바로 지구입니다. 지구만이 우주에서 유일하게 생명체가 살고 있기에, 그토록 아름다운 것이지요.

이 지구를 수놓고 있는 대자연의 웅장한 아름다움을 감상하노라면 저절로 감탄이 우러나옵니다. 무성한 숲들, 갖가지 형형색색의 아름다운 꽃들이 우리 주위를 수놓고 있습니다. 그리고 이런 자연 속을 누비고 다니며 자연과 함께 어우러져 살고 있는 온갖 동물들, 창공을 가르며 나는 온갖 아름다운 새들과, 곤충들이 있습니다. 그리고 신비롭기까지 한 바다 속을 마음대로 헤엄치며 다니는 갖가지 물고기들이 있습니다. 그리고 그들과 함께, 그들과 더불어, 함께 어우러져 사는 인간들이 있습니다.

이렇게 이 세상 대자연 속에는 세 유형의 신비스러운 생명체가 존재하고 있습니다.

첫 번째로는 성장하기만 하는 기능을 갖고 있는 생명체인 식물들이 살고 있고, 그 다음으로는 성장함과 동시에 감각하면서 활동하는 기능을 갖고 있는 생명체인 동물들이 살고 있고, 마지막으로 성장하며 감각하고 활동할 뿐 아니라 지성 즉 생각하며, 판단, 의지력이 있고 말할 수 있는 기능을 가진 생명체인 인간이 살고 있습니다.

이처럼 이 세상에 존재하는 모든 실재 중에, 단연코 '생명' 또는 '생명현상'보다 더 고귀하고 신비스럽고 경이로운 것은 없습니다. 그 가운데서도 모든 생명체들 중 가장 소중하고 고귀한 생명체는, 두말할 나위 없이 인간생명체입니다.

식물과 동물과 인간, 이 세 가지 생명체에 관하여 철학과 신학에서는 이렇게 설명합니다. 식물의 생명력과 성장하는 능력을 생혼(生魂)이라고 말하고, 동물들은 비록 본능에 의해서 움직이지만 생혼 외에, 감각하는 능력까지 포함하고 있기 때문에 각혼(覺魂)이라고 말합니다.

마지막으로 식물이나 동물과 달리 인간은, 그러한 차원을 포함할 뿐만 아니라 그를 훨씬 뛰어넘어 이치를 깨닫고 판단하고 추리하는 이성을 지녔는데, 이러한 정신작용의 근원을 영혼(靈魂)이라고 말하고 있습니다.

인간의 고귀함은 바로 여기 있는 것이지요!

5. 영혼

앞에서 언급한 바와 같이 인간이 식물이나 동물과의 차이점은 바로 영혼이 있다는 것입니다.

"영혼? 있긴 뭘 있어? 눈으로 본 사람 있어? 내가 본 적이 없는데 없다면 없는 거야!"

과연 그럴까요? 눈으로 볼 수 없기 때문에 영혼의 존재를 믿을 수 없는 걸까요?

교회의 정통사상에 의하면 '인간의 육신과 영혼은 하느님의 창조물이다.' 그리고 '각 사람의 영혼은 육체에 부여되어 창조된다. 육신과 영혼은 일체를 이루는 공동 구성 원리이기는 하지만, 영혼은 영체이기 때문에 죽은 후 육체를 떠나서 단독으로 존재할 수 있다.' 라고 말하고 있습니다.

　인간의 영혼은 비물질적인 실체이기에 우리 오관(눈, 귀, 코, 입, 피부)으로는 도저히 감지할 수 없습니다.

　앞서 말했듯이 이 세상에는 공기, 각종 가스, 화학 물질 등 눈으로는 볼 수 없지만 실제로 존재하는 것이 얼마든지 많이 있습니다. 그중 한 가지만 예를 든다면, 우리 주위에는 전등, 냉장고, TV, 난로, 선풍기…등 많은 가전제품들이 있습니다. 그런데 세상에 그 누구도 전류를 본 사람은 없습니다.

　전깃불, 난로 등 우리 눈으로 볼 수 있고 느낄 수 있는 것들은 전기제품의 외형들이지 전기(전류)자체는 아닙니다. 우리 인간의 육체와 영혼도 마찬가지 이치입니다. 전기가 가전제품에 연결되었을 때, 그 기능을 발휘하듯이, 영혼이 육체와 결합되었을 때 생명을 유지하면서 활동을 하게 되는 것입니다. 전깃불이 꺼졌을 때 "전기가 나갔다"라고 말합니다. 마찬가지 이치로 영혼이 육체를 떠났을 때 "사람이 죽었다"라고 말합니다.

　그렇다면 죽으면 어떻게 되는 걸까요?
　가전제품은 고장이 나면 더이상 그 안에 전류가 흐르지 않습니다. 전기가 통하지 않기 때문에 그 제품 안에 있던 전류는 그대로 사라지고 맙니다. 그러나 영혼은 전자제품과는 달리 신체는 소멸

해도 영혼은 계속 살아 존재합니다.

    식물의 생혼이나 동물의 각혼도 그들의 죽음과 동시에 사멸하고 말지만, 우리 인간은 육체가 죽어서 썩어 없어진다 하더라도 그 영혼만은 절대로 없어지지 않고 영원히 존재합니다. 그래서 육체를 떠난 그 사람의 영혼은 하느님께로 가서, 각자가 살아있는 동안 행한 착한 일이나 악한 행위에 따라 그에 상응한 상이나 벌을 받는다고 교회는 가르치고 있습니다.[8]

    그래도 하느님의 존재를 믿지 않는 많은 이들은 "있긴 뭐가 있어 죽으면 다 그만이지" 하며 인간이 죽으면 모든 것이 소멸되고 끝난다고 말합니다. 그저 인간이 물질로 밖에 생각되지 않는 듯이 말입니다.

    그런 그들도 매년 설이나 추석 때가 되면 부모와 조상님의 묘지를 찾아가서 성묘하며, 또 해마다 기일이 되면 좋아하셨던 음식까지 차려놓고 정성껏 제사를 드립니다. 말은 그렇게 하면서도 막연하게나마, 조상님들이나 부모님들의 혼이 죽지 않고 어느 곳엔가 머물러 계실 것이라고들 생각하기 때문이지요.

    그러나 하느님께 대한 신앙이 없이 그런 막연한 믿음, 막연한 대상에게 비는 것은, 그저 자기 자신의 공허함을 달래는 자기위로에 불과하고 만 것입니다.

---

[8] 마태 25, 31-46, 루카 16, 19-31

그러니 더 이상 미룰 것 없이 바로 지금, 신은 존재하고 영혼은 죽지 않고 영원히 존재하는지, 그리고 그 신과 인격적인 관계를 맺었기에 그래서 나의 기도를 들어주시는지, 또 지금의 나의 삶은 과연 그분께 상을 받을 만한지 한번 되돌아보는 것이 좋을 것입니다.

그렇다면 과연 인간의 영혼은 어떻게 존재하고 있는 걸까요? 여기서 중요한 것은 이치를 깨닫고 판단하고 추리하고 결심하는 등의 정신작용을, 과연 뇌(=뇌수腦髓)자체가 독자적으로 하는 것일까 하는 물음이 생깁니다.

즉 대낮에 빛의 발원체(發源體)는 태양이듯 뇌 자체가 정신작용의 발원체인가? 하는 것입니다. 만일 그렇다면 영혼은 따로 존재하는 것은 아닐 것입니다. 그러나 다른 특수한 실체가 있어서 뇌를 통하여 정신작용을 하는 것이라면, 바로 그것을 우리는 영혼이라고 부르는 것이지 뇌 자체가 영혼은 아닌 것입니다.

만일 뇌가 정신작용의 발원체 즉 영혼이라고 하면, 정신에 이상이 생길 경우 그 원인은 반드시 뇌에 손상이 생겼기 때문이거나, 반대로 뇌에 손상이 생기면 반드시 정신에 이상이 생겨야 할 것입니다. 그런데 실제로는 뇌가 건강해도 정신기능에 장애가 있을 수 있고, 또 뇌에 장애가 생겨도 정신기능은 온전할 수 있다는 사실입니다. 그래서 뇌는 영혼이 아닌 것입니다.

선인과 악인의 경우, 그들의 뇌에는 반드시 차이점이 있어야 하는데 그런 차이점은 전혀 없다는 것입니다. 결국 선행이나 악행은 뇌(腦髓) 자체에서 직접 나오는 것이 아니고 따로 정신작용의 발원체에서 나온다는 것이지요. 그러므로 정신기능에 혼란을 일으키거나 선과 악을 행하게 되는 차이점은, 뇌의 손상이거나 차이점이 아니라는 것이 증명되었습니다.

또 뇌가 정신작용의 발원체라면, 모든 뇌들은 기계적으로 조직되고 작용하기 때문에 외적 자극으로부터 받는 영향과 반응도 똑같을 수밖에 없을 것입니다. 그러나 실제는 반응이 각자에 따라 다르다는 것입니다. 예를 들면 회의 때 같은 내용의 문구(文句)지만 그 문구를 본 사람들의 의견이 똑같지 않고, 서로 충돌하는 것만 봐도 그렇습니다.

그러므로 지금까지 한 얘기들을 정리한다면, 뇌는 절대로 정신작용의 발원체가 아니고 다만 사역(使役)되는 기관일 뿐, 정신작용의 발원체는 따로 존재하는데 바로 그것을 영혼이라고 합니다. 다시 한 번 강조한다면, 영혼은 인간 활동의 원동력으로 생각되는 정신적 실체이며, 우리의 오관으로 감지할 수 없는 영체로서 육체와 결합해서 하나의 생명을 이루는 것입니다.

그래서 영혼이 눈에 보이진 않지만 그 영혼은 인간의 모든 정신과 마음을 지배한다는 것입니다. 마치 나라를 다스리는 통치자에 의해 국가가 존속되듯이, 또는 자동차의 운전기사나 비행기의 조종사에 의해 자동차나 비행기가 움직이고, 교향악단의 지휘자에 의해 아름다운 선율과 화음이 울려 나오는 것처럼, 인간도 영혼에 의해서 생각과 말과 행동이 좌우됩니다.

6. 사람은 무엇을 원하는가?
삶의 목적

동물들이 불행하다고 느끼면서 비관 자살했다는 이야기를 들어본 적이 있습니까? 없습니다. 왜 그럴까요?

만족은 일시적인 육체적 욕구의 충족 상태지만, 행복은 동물적인 본능의 욕구 이상인 정신적 만족의 영속적(永續的) 상태를 말합니다. 그런데 하급 생명체인 동, 식물은 조건반사와 본능이라는 자연의 법칙에 따라, 종의 번식을 이루며 주어진 대로 살아가기 때문입니다.

그러나 인간은 하루하루 그저 만족해하며 살아가는 것이 아니라, 그 이상의 행복이라는 목적을 스스로 찾고 선택하고 갈망하며 살아가고 있는 존재입니다.

'속도와의 전쟁'이란 말을 흔히 하는 만큼 모든 것이 하루가 다르게 빠른 속도로 변화되어가고 있는 오늘, 우리 모두는 변화에 적응하기 위해 또 경쟁에서 낙오되지 않으려고 바쁜 나날을 살아가고 있습니다.
그렇지만 이렇게 바쁜 나날의 노고를 기꺼이 감내하는 이면엔 행복을 얻고자 하는 간절한 열망이 자리 잡고 있습니다. 그리고 바로 행복에 대한 이러한 열망이야말로 우리들이 살아가는 삶의 이유임을 잘 드러내고 있습니다.

그런데 이런 행복들은 원한다고 다 획득할 수 있는 것이 아닐뿐더러, 행여 얻었다 해도 일시적이지 결코 영속적이지 않다는 것을 우리는 압니다. 예를 들어, 처음엔 집이나 차를 가졌으면 하지만 막상 갖게 되면 더 큰 집, 더 좋은 차를 갖고 싶어하듯 말입니다.

낙불가극, 욕불가종(樂不可極, 慾不可從, 쾌락은 극도로 즐기지 말 것이며, 욕심은 따르지 말 것)이란 옛말도 인간의 끝없는 욕심을 드러내며 이에 어떻게 대처해야 하는지 오랜 세월을 거친 체험이 축적된 나름대로 지혜로운 가르침이라고 생각됩니다.

이렇게 이 세상 사람들이 원하는 끝없는 행복이란, 마치 사막의 신기루 같아서 그 행복을 내 것으로 내 손에 넣으려 하는 것은, 하늘에 걸려있는 무지개를 손으로 움켜쥐려는 것과 같습니다. 그렇다면 원하는 것을 다 이루기도 힘들지만 이루었다 해도, 만족하질 못하고 또 다른 것을 자꾸 갈구하게 되는데 도대체 왜 그럴까요?

그런가 하면 또 자신의 본성을 충족시키는 행복은 오로지 자기 자신의 즐거움과 만족만을 목적으로 하는 것이지만, 그와는 달리, 내가 아닌 타인의 행복을 위해 희생하고 봉사와 헌신하는 데서 보람과 가치와 기쁨을 찾는 그런 차원의 행복이 있습니다.

물론 사랑하는 자녀나 부모님의 행복을 위하여 오랜 세월 동안 자신의 희생을 감수하는 것을 행복이라고 여기는 것은 누구나 이해할 수 있습니다. 그러나 거동이 불편한 이들을 찾아가 안마와 목욕을 시켜주며 자원 봉사를 하거나, 자신도 넉넉하지 못한 월급으로 겨우 가족을 부양하는 처지이지만, 더 가난하고 병들어 누워있어 식사를 제대로 하지 못하고 거르는 불쌍한 독거노인들을 방문하여 말벗이 되어주고, 그들에게 필요한 것들을 물심양면으로 돌봐드리기도 합니다.[9]

또 어떤 이들은 일생동안 온갖 고생을 하며 힘들게 모아온 전 재산을 기꺼이 사회에 환원하는 경우도 있고, 매년 성탄 때 익명으로 막대한 돈을 남몰래 자선함에 넣고 가는 이들도 있습니다.[10]

---

9) 토빗 4, 7 마태 10, 42
10) 마태 6, 1-24

그리고 나라를 위해 목숨을 바친 많은 군인과 애국지사들처럼 최고의 휴머니즘을 온몸으로 실천함으로써, 자신의 인생을 더할 나위 없이 고결하고 가치 있는 삶이 되게 했습니다.

이렇게 전혀 모르는 사람들을 위해 그토록 소중한 시간과 애써 노력하면서 벌어들인 아까운 재산을 기꺼이 바치거나, 더구나 위험에 빠진 다른 이를 구하고 자신은 죽게 되는 살신성인(殺身成仁)을 실천한 이들이 있습니다.

그런데 단지 자신의 이해를 따지는 지상에서의 삶의 개념에서만 본다면, 자신이 희생하는 것이라든지 또 솔직히 죽은 이후에 어떻게 될지 모른다면 어떻게 행복하다고 할 수 있을까요?

여기서 생각해볼 것은 이들의 희생에 대한 대가나 보상이 어떻게 이루어질까? 그런 삶이 정말 행복하다면, 무엇이 이런 행위를 충만하고도 영원한 가치를 지닌 행복으로 여길 수 있게 했는지 생각해 봐야 하지 않을까요?

또 한시적이고 불완전한 이 세상 행복들이 결코 인간의 갈망을 완전히, 그리고 영속적으로 채워줄 수가 없다면, 인간은 정말 불행할 수밖에 없는 존재인데 과연 그런가요?

그렇다면 인간의 욕구를 충족시켜줄 수 있는 완전한 행복, 영원한 행복은 과연 있기나 한 것일까요?

온 인류가 하나같이 행복을 갈망하면서 살고 있는데, 영속적인 행복이 존재할 수가 없다면, 이 세상은 얼마나 맥 빠지고, 절망적이며 슬프고 성경의 전도서 말씀대로, 그야말로 헛되고 헛되기만 한 것일까 하는 생각이 듭니다.

그러나 여기에 대해 일찍이 아리스토텔레스는 "인간은 그 본성 내면 깊이 완전무결하고 영원한 행복을 갈망하는 존재로서 바로 이것을 위해 태어났다."라고 했습니다.

맞는 말입니다. 이렇게 한시적이고 불완전한 이 세상 행복들은, 결코 인간의 갈망을 완전히 그리고 영속적으로 채워줄 수 없다는 것이지요.

너무나 아름다운 조화를 이루며 어울려 살아가는 모든 피조물 가운데 만물의 영장이라고 하는 인간만이 결핍과 불안정, 충족되지 않기에, 행복하지 않은 삶을 산다는 것은 있을 수 없습니다. 그렇다면 충만하게 인간의 갈망을 채워줄 수 있는 더 완전한 행복, 영원한 행복을 찾아 나서야 하지 않겠습니까?

7. 희생, 헌신의 결실

　신앙이 없는 이들도 자신의 이성과 윤리 기준으로 좋은 일을 하기도 하고, 또 이웃을 위해 희생이 따르는 보람 있는 일을 함으로써, 다른 이들로부터 존경을 받고 스스로도 흐뭇함을 느낍니다. 이 역시 좋은 일입니다.
　그러나 실은 사람의 마음에 이토록 좋은 일을 할 수 있도록 사랑과 선 그리고 정의 등을 심어주신 것은 하느님이십니다.
　그러면 이런 이들에 대한 보상은 어떻게 되는 건가요?

　하느님께서는 사람들로 하여금, 인간 내면 깊이 박혀있는 완전하고도 끝없는 행복을 이 세상에서는 결코 맛볼 수 없다는 것을 깨닫고, 그 즐거움과 행복의 원천이며 끝없는 완전 행복 자체이신 당신을 찾아 나서게 하십니다. 그리고 결국엔 바로 당신 자신을 우리에게 선물(보상)로 주시며, 함께 영원한 행복을 누릴 수 있게 해 주신다는 것을 깨달아야 하겠습니다.

그래서 아우구스띠노 성인께서도 "주여, 당신을 위해 우리를 내시었으니 우리 마음이 당신 안에 쉬기까지 안식이 없나이다."라고 했습니다.

또 토마스 아퀴나스는 대자연은 무의미한 일을 하지 않는다고 했습니다. 즉 귀가 있으면 그 대상인 소리가 있고 눈이 있으면 볼 수 있는 빛과 대상이 있듯, 인간 내면 깊이 있는 무한한 행복을 갈망하는 마음이 있으면 반드시 그 대상이 있을 것이라고 말입니다. 그것은 마치 아프리카의 짐승들이 가뭄이 들면 바람에 흩날려오는 물 냄새를 맡고 물을 찾아 나서듯, 그것을 찾아 나서는 것이 인간 삶의 목적이라는 것입니다.

자, 그렇다면 우리는 어떤 삶을 살아가야 할까요? 동물처럼 주어지는 대로 그냥 살아가야 할까요?
아니면 선택해나가는 적극적인 삶, 즉 절대 행복을 찾아 나서는 인간으로서의 삶을 살아가야 할까요?

8. 가장 가치 있는 행복

종교인들은 지금까지의 경우에서 더 나아간 훨씬 더 높은 차원의 행복을 추구합니다. 즉 창조주이시며 진리와 선의 근원이신 하느님, 그분이야말로 바로 인간의 행복을 충족시켜줄 수 있는 완전하고 영원한 존재라고 믿습니다. 그렇기 때문에 자신들의 영혼을 구원하고자 그분이 원하시는 모든 것, 즉 세상의 정의와 평화와 사랑, 행복 등 그분의 가르침을 생활 속에서 따르고 실천하는 삶에 희생이 따른다 하여도 그를 마다하지 않고 기꺼이 받아들입니다. 그뿐 아니라 심지어 하느님을 위해 목숨까지도 바쳐야 할 때 그것을 가장 가치 있는 높은 차원의 행복으로 확신하고 살아가고 있습니다.

진실한 신앙인들은 육안으로 볼 수 없고 오관으로도 감지할 수 없는 하느님을 창조주로 모시면서, 세상의 정의와 평화와 행복 그리고 자신과 다른 이들의 영혼 구원을 위해 그분의 가르침을 생활 속에서 따르고 실천하기 위해 노력합니다.

가톨릭교회는 대림[11] 첫 주일 영성체송에서 "주님, 이 성찬에 참여한 저희가, 덧없이 지나가는 현세를 살면서도 지금부터 천상 양식에 맛 들여 영원한 것을 사랑하게 하소서"라고 기도하고 있습니다. 이 기도문에서 보듯 교회는 영원한 것과 연결된 삶을 살아가도록 독려하고 있습니다. 즉 하느님께서 우리에게 심어주신 정의, 평화, 선, 사랑 등을 실천하면서 하느님과 함께 살아가고 하느님께 도달하는 것을 영원한 행복이라고 말하고 있습니다.

그런데 이렇게 자유롭게 신앙생활을 할 수 있는 대부분의 나라와는 달리, 하느님의 존재를 믿는다는 것만으로도 생명을 잃는 종교의 자유가 없는 상황이 아직도 이 21세기에 버젓이 존재하는 나라들이 있습니다.

공산주의 국가들이나 힌두교, 이슬람교에서는 그리스도교 신자들에게 온갖 혹독한 형벌을 내리거나 사형을 시키고, 심지어 가족에 의해서까지 명예살인을 당하는 경우가 있습니다. 이렇게 신앙

---

11) 성탄을 앞두고 구세주께서 탄생하심을 기다리며 마음 준비를 하는 4주간을 대림시기라고 한다.

을 위해 죽임을 당하는 것을 순교(殉敎)라고 말합니다.

이러한 순교자들이 우리나라에서만도 만 명 가량이나 되고 지난 2천여 년 동안 전 세계에서 수없이 많은 이들이 자신의 소신을 굽히지 않고 생명을 내어놓으면서까지 하느님께 대한 믿음을 고백하였습니다.

이들은 가장 가치 있는 높은 차원의 행복이 얼마나 값진 것인지를 몸소 삶으로 보여준 것이라고 말할 수 있습니다. 그러므로 자기를 희생한 이들과 순교자들의 죽음은, 결코 헛된 죽음이 아니라 드높은 가치를 지니며 가장 차원이 높은 진정한 행복에 이르는 행위로써, 그 자체로 이미 보상은 준비 되어 있는 것이 아니겠습니까? 왜냐하면 죽음 이후에 우리의 모든 희생을 충분히 갚아주고 남을 포상을 해줄 분, 즉 창조주와 새로운 세상이 확실히 있기 때문이지요.

생각해보면 "아무리 이웃과 온 국민을 행복하게 해주었다 할지라도 자기 자신은 이미 죽음으로 끝나고 말았는데… 그 죽음 자체가 최악의 불행인데… 어떻게 그러한 죽음이 최고 차원의 행복으로 바뀔 수 있다는 말인가?"라는 생각을 할 수도 있습니다. 그러나 이것은 지금 당장, 현세만을 생각한 것이지 죽음 이후에 우리를 기다리고 있는 새로운 세상을 생각하지 않는 것이라고 생각합니다.

내세가 없다면 사람들의 선행과 희생에 대한 공로는 아무 의미가 없을 것이며, 그저 수고로운 일에 지나지 않을 수도 있습니다.

그래서 태초부터 존재하는 우주만물의 기원과 인간의 유래를 따지고 절대자 창조주의 존재, 그리고 인간창조의 의미를 연구하면서 비로소 인간의 영원하고도, 무한한 행복의 갈망을 채워줄 수 있는 분, 즉 절대 행복은 바로 창조주 즉 하느님이시라는 것을 깨닫게 됩니다. 그렇기 때문에 그분을 만나는 곳이 영원한 행복을 누리게 되는 천국이요 우리가 살아가는 궁극적인 삶의 목적인 것입니다.

9. 죽음과 삶, 그 의미

로마의 어느 공동묘지 입구에,
"오늘은 내 차례요, 내일은 네 차례니라."(Hodie mihi, Cras tibi)라고 쓰여 있는 이 유명한 묘비명을 한번쯤 들어보신 적이 있으리라 생각합니다.

우리가 이 세상에 살면서 가장 두렵고 피하고 싶은 것이 있다면, 그것은 아마도 죽음이 아닐까 싶습니다.

그 누구에게도 제외되지 않고 예외 없이 다가온다는 점에서 가장 확실하고, 언제 겪을지 모른다는 점에서 가장 불확실한 것이기도 합니다.

죽음이 우리 모두가 필연적으로 거쳐야 할 과제라면 두려워 피하기보다 진정한 의미를 깨달아, 잘 준비하고 잘 맞이하는 것이 진정으로 현명한 일일 것입니다. 흔히들 말합니다. 살아온 모습대로 죽는다고요. 아직 살아있을 때 준비를 잘한 사람은 죽음도 잘 맞이하게 된답니다. 우리의 현세의 삶은 바로 이 죽음 이후에 오는 새로운 세상을 준비하는 기간일 뿐입니다.

그렇기에 아직 살아있을 때, 현재의 시간들을 하느님의 은총 가운데 충만히 사는 것이 내세에 대한 가장 좋은 준비이기에, 죽음은 오히려 밝고 찬란하며 새롭고 충만한 행복으로 넘어가는 또 하나의 시작이고 관문이며 과정에 지나지 않은 것입니다. 그래서 두려움이 아니라 위로와 희망을 갖고 좋은 죽음을 맞이할 수 있게 될 것입니다.

이렇게 죽음이 결코 끝이 아니라 새로운 세상의 시작이라면, 그를 향해 가고 있는 지금의 이 순간들이 얼마나 소중한 시간들이 되겠습니까?

정신 물리학의 창시자이며 심리학자인 구스타브 페히나[12]는 인생은 3단계가 있다고 말했습니다.
　첫째 단계 - 끊임없이 잠만 자는 생애 - 모태
　둘째 단계 - 잠자다 깨었다하는 생애 - 현세
　셋째 단계 - 깨어있기만 하는 생애 - 내세

---

12) 구스타브 페히나(1801-1887) 물리학의 창시자, 심리학자

첫째 단계는 둘째 단계인 현세에 필요한 것을 준비하는 단계고, 둘째 단계는 현세로서 셋째 단계인 내세를 위해 준비하며 살아가는 단계다.

첫째 단계에서 미지의 세계인 둘째 단계로 넘어가는 것이, 찬란한 세상과 사랑으로 충만한 부모가 기다리는 하나의 훌륭한 출생인데도, 그것을 모르는 아기는 모태에서의 쾌적한 생활의 끝이라고 여겨 두려워 운다. 이처럼 좁은 육체 속에 갇혀있는 우리는 '셋째 단계에 있는 찬란한 자유를 조금도 모르고 있다. 우리를 거기로 인도하는 좁고 캄캄한 통로를 이편에서 보면 죽음이라고 하지만 저편에서 보면 영원한 세상의 출생이다.'라고 했습니다. 과연 맞는 말입니다.

사실 죽음은 셋째 단계, 즉 더 밝고 더 완전한 행복과 기쁨이신 하느님이 기다리고 계신 빛의 영원한 세계로 넘어가는 하나의 훌륭한 출생을 위한 관문인데도, "죽음 이후의 세상이 두려운 게 아니라 죽음의 순간이 두려운 것"이라고 한 어느 철학자의 말처럼, 내세를 모르고 그에 대한 믿음이 없거나 약하기에 여전히 두렵습니다.

여기서 생각해 볼 것은 부모님이 크나큰 사랑으로 아기가 태어나길 기다리며 준비하다가 드디어 새 생명이 태어나면 큰 기쁨으로 맞이합니다. 그러나 모태에 있을 때 제대로 갖추지 못하고 미숙아로 태어난다면, 자신도 세상 사는 동안 불편하고 그를 보는 부모의 마음도 평생 아플 것입니다. 마찬가지로 우리도 이 세상에 살 때, 미리 죽음 다음에 올 세상에 필요한 것들을 정말 잘 준비하면서 살아가다가 이 세상을 떠날 때, 당신 나라에서 우리를 기다리고 계실 하느님께서도 기쁘게 맞아주실 수 있도록 살아가야겠다는 생각이 듭니다.

하느님 나라는 갈망이나 생각만으로 갈 수 있거나 하느님을 등지고 외면하고 살아도 거저 갈 수 있는 곳이 결코 아닙니다. 천국에 갈 수 있기 위해서는 반드시 하느님이 원하시는 선을 행하고 공을 쌓음으로써 천국에 보화를 미리 쌓아 두어야 합니다. 삶을 더 잘 즐기기 위해서 죽음의 의미를 외면하는 사람은, 죽음과 함께 삶의 의미까지도 외면하게 되며, 잊어버리고 말게 된다고 합니다. 이참에 가슴에 새겨둘 말입니다.

또 한 가지 명심해야 할 것은 참으로 무서워해야 할 죽음이 있으니 그것은 육신의 죽음이 아니라 바로 영원히 벌 받는 것, 즉 영혼의 죽음입니다.

인간은 이렇게 죽음을 두려워하여 오래 살고 싶어 하는데 바로 예수님께서 영원히 사는 그 길과 이 세상에서부터 벌써 맛볼 수 있는 하느님 나라의 참 행복을 우리에게 가르쳐 주셨습니다.[13]

---

13) 마태 5,3-12

3. 행복하여라, 마음이 가난한 사람들! 하늘나라가 그들의 것이다.
4. 행복하여라, 슬퍼하는 사람들! 그들은 위로를 받을 것이다.
5. 행복하여라, 온유한 사람들! 그들은 땅을 차지할 것이다.
6. 행복하여라, 의로움에 주리고 목마른 사람들! 그들은 흡족해질 것이다.
7. 행복하여라, 자비로운 사람들! 그들은 자비를 입을 것이다.
8. 행복하여라, 마음이 깨끗한 사람들! 그들은 하느님을 볼 것이다.
9. 행복하여라, 평화를 이루는 사람들! 그들은 하느님의 자녀라 불릴 것이다.
10. 행복하여라, 의로움 때문에 박해를 받는 사람들! 하늘 나라가 그들의 것이다.
11. 사람들이 나 때문에 너희를 모욕하고 박해하며, 너희를 거슬러 거짓으로 온갖 사악한 말을 하면, 너희는 행복하다!
12. 기뻐하고 즐거워하여라. 너희가 하늘에서 받을 상이 크다. 사실 너희에 앞서 예언자들도 그렇게 박해를 받았다.

그래서 예수님을 믿고 그분의 가르침을 따르는 것입니다. 이런 생명의 길을 믿지 않는다면, 영원한 삶을 포기하고 마는 어리석은 일이 될 것입니다.

10. 천국, 완전한 행복이 있는 그 곳

천국(天國)이란?

완전한 초자연적인 장(場)과 상태를 말하며 모든 천사들과 성인 성녀, 의인들이 하느님을 모시고 끝없는 행복을 영원히 누리는 곳을 말합니다. 그곳에는 인간이 이 세상에 살아 있는 동안, 하느님을 믿고 예수님의 말씀을 받아들이면서 악을 피하고 갖가지 착한 일을 했던 영혼들이 있는 곳입니다.

그뿐만 아니라 예수님의 수난을 묵상하면서 온갖 환난 병고와 고통과 어려움과 불행을 겪을 때, 자신과 죄인들 뿐만 아니라 연옥 영혼들을 위해 속죄하는 마음으로, 아직 이 세상에 있는 동안 달게 참아 받으면서 하느님께 영광을 드렸던 영혼들이 영원한 행복을 누리고 있는 곳입니다.

그리고 자기 자신의 안위를 포기하고 불쌍하고 고통 받는 이웃과 사회를 위해, 자선을 베풀면서 일평생을 하느님을 공경하며 사랑을 드리던 거룩한 영혼들이, 순교자들과 함께100배의 상을 받고 하느님 안에서 기쁨과 행복을 영원히 누리는 곳입니다.

이 세상에 있는 모든 대자연들이 아름답지만 아름다움의 원천이신 하느님이 계신 천국의 아름다움에 비할 수야 있겠습니까?

우리가 태양을 바라보면 눈이 부셔서 다른 빛이나 사물이 눈에 들어오지 않듯이, 완전한 행복을 갈망하던 인간이 최고의 진선미 자체이시고 완전하시며 절대 행복 자체이신 하느님을 직접 마주하는 순간, 다른 것은 모두 잊은 채 오직 그분만을 바라보며 그분의 사랑과 축복 안에 잠겨 있는 순간이 가장 완전한 행복 자체라고 말합니다.[14] 그것을 가톨릭에서는 지복직관(至福直觀)이라고 합니다.

예전에는 천당이라는 단어를 썼지만 지금은 천국 또는 하느님 나라라는 단어를 즐겨 씁니다.

정화의 장소

그런데 죄를 지은 상태로 죽었거나 죄에 대한 벌을 세상에서 아

---

14) 마태 25, 46

직 다 보속(속죄)하지 못한 영혼들은 천국에 들어가지 못하고 기다리면서 준비하는 곳이 있습니다.[15] 이곳을 연옥(煉獄)이라고 하는데 천국도 지옥도 아닌 그 중간처소(處所)를 말합니다. 이곳에 있는 영혼들은 모든 죄를 깨끗이 정화하고 천국에 갈 수 있을 때까지 단련을 받습니다. 그러므로 정화의 장소인 연옥에 있는 영혼들은, 언젠가는 하느님을 뵈러 천국에 갈 수 있기에 지옥과는 달리 희망이 있는 곳입니다.

잠벌(暫罰)과 보속(補贖)

소죄(소소한 죄)에 대한 벌로써 죽은 다음 연옥에 가서 받는 벌을 말합니다. 그러나 이 세상에 살아 있는 동안 기도와 선행, 고행을 함으로써 벌을 탕감 받을 수 있는데 이를 보속이라고 합니다. 그러나 이 세상에서 보속을 다 하지 못했으면 연옥에 가서 반드시 그 나머지에 대한 속죄(贖罪)행위를 해야 합니다.

그런데 하느님께서 엄중한 심판관으로서 우리의 잘못을 샅샅이 따져 벌을 주신다기보다, 하느님께 간 영혼이 하느님의 아름다우심과 완전하신 선함에 비추어 자신이 현세에서 지은 죄의 추함을 적나라하게 보게 됨으로써, 스스로 정화(淨化)(연옥)의 길로 들어서게 되든지 영원한 절망의 길로(지옥) 간다고 합니다.

---

15) 2마카 12, 43-46, 마태 12, 32

우리도 일상생활에서 중요한 일을 위해 누군가를 만나거나, 사랑하는 사람을 만나러 가야할 때 얼마나 정성들여 깨끗하게 자신을 가꾸고 만나러 가겠습니까?

그래서 천주교 신자들이 일상생활에서 자기 자신과 죄를 짓는 영혼들의 회개와 속죄를 위해 또 연옥 영혼들을 위해, 보속으로 크게, 작게 자기희생을 통한 선행, 고행 극기 등을 하는 이유가 거기에 있습니다.

하느님이 계시지 않는 곳

시성 단테는 "여기 들어오는 모든 이는 희망을 버릴진저!"라고 표현했습니다. 왜냐하면 지옥(地獄)이란 이 세상에서 하느님을 믿지 않고 등진 채 큰 죄를 범한 사람들이 죽은 후에 가게 되는 곳으로서 악마들과 함께 영원히 벌을 받는 곳을 말합니다.

즉 타락한 천사들과 고의적으로 하느님의 사랑으로부터 떠난 상태로 죽은 영혼들이, 끝없이 영원히 벌을 받는 장소와 상태이기 때문입니다.

지옥에는 두 가지 벌이 있습니다. 하나는, 자신의 죄 탓으로 하느님의 지복직관을 완전히 상실한데서 오는 깊은 실고(失苦)[16] 또 다른 벌은, 주위의 물질이나 악마들로부터 가해지는 감각적인 괴

---

16) 마태 25, 12

로움과 고통을 말합니다.[17] 이러한 고통이 언젠가는 끝날 희망이 전혀 없이 영원히, 그야말로 끝없이 계속된다는 절망 때문에 고통이 한층 더 커지게 된다고 합니다.

그러나 교통법규를 잘 지키면 벌금 딱지를 두려워할 필요가 없듯 내가 잘못 살지 않는 한, 지옥은 나와는 아무 상관이 없기에 두려워할 필요가 없겠지요.

그런데 생각해보면 지옥에서 고통 받고 있는 모든 영혼들은, 어느 누구의 탓으로 지옥에 떨어진 것이 절대로 아닙니다.

온전히 자기 자신의 자유의지로 하느님을 믿고 받아들일 수 있었음에도 불구하고, 받아들이지 않은 채 생명과 선과는 반대의 길을 걸으며 살았기에, 현세를 마친 다음에 스스로 지옥을 자신의 자유의지로 선택한 것이나 마찬가지입니다.

그런 이유 때문에 고통을 당할 때마다 영원토록 자기 자신을 미워하며 저주하게 된다고 하니, 이 얼마나 고통에 고통을 더한 상태일까요!

그러니 지금 온전히 자기 의지로 하느님을 선택할 수 있을 때, 자신의 영혼에 가장 좋은 것을 택하고 행해야 하겠습니다. "영혼이 죽는다.", "영혼을 구하지 못한다."라는 말은 지옥에 떨어지는 것을 말합니다.

---

17) 마태 25, 41, 루카 16, 24

그렇기에 신앙인들은 예수님의 가르침대로 다른 이들을 위한 희생을 소중하게 생각하고, 그 희생의 가치를 알기에 자신의 뜻보다 예수님의 말씀을 자신의 삶에서 실천하려고 노력하는 이들이며 또 그렇게 해야 합니다.[18]

---

18) 마태 25, 31-46 최후의 심판

11. 악의 실체

신앙을 갖지 못하게 하거나 혹은 신앙을 버리고 교회를 떠나게 하는 악의 유혹자 '사탄', '마귀'는 과연 존재할까요?

전에 사용하던 천주교 요리 문답(要理 問答 중요교리 요약)에는 모든 천사들이, 다 은총을 잘 사용했는지에 대한 물음에 그렇지 않다고 했습니다. 그들 중에 하느님의 뜻을 따른 자는 상을 받아 천국에서 하느님을 모시는 천사가 되고, 하느님의 뜻을 거역한 자는 벌을 받아 지옥에 빠져 마귀가 되느니라 하였습니다. 또 마귀가 세상에서 하는 일은 사람을 지옥에 빠뜨리게 하려고 항상 죄로 유인하느니라 하였습니다.

왜, 그럴까요? 마귀는 인간이 하느님께 사랑받는 것을 질시하여 인간을 교활한 방법으로 유혹해서 죄악에 빠뜨려 하느님을 대적하기 위함이라고 했습니다.

구약성경의 창세기 3장에, 인간은 마귀의 유혹에 넘어가 하느님의 계명을 거슬러 죄를 지었고, 그 결과 죽음과 고통이 따르게 되었습니다. 그러나 하느님의 아들 예수님께서 당신의 죽음과 부활로써 "죽음의 권능을 쥐고 있는 자 곧 악마를 당신의 죽음으로 파멸시키시고, 죽음의 공포 때문에 한평생 종살이에 얽매여 있는 이들을 풀어 주셨습니다."[19]

이런데도 마귀의 존재를 부인하면 예수님께서 우리를 구원하시기 위해, 이 세상에 인간의 모습으로 오신 의미도 설명할 수가 없습니다. 그래서 성요한 바오로 2세 교황님은 마귀의 존재를 믿지 않는 사람은 그 누구를 막론하고 복음서를 믿지 않는 사람이라고 경고하셨습니다,

"그러한 자들은 그리스도의 사도로 위장한 거짓 사도이며 사람을 속이려고 일하는 자들입니다. 그러나 놀랄 일이 아닙니다. 사탄도 빛의 천사로 위장합니다."[20]라는 말씀대로 마귀들은 사람을 악으로 빠뜨리기 위해서라면 누구든 꾀여 어떤 모습이라도 취하게 합니다. 그러니 사탄의 일꾼들이 의로움의 일꾼처럼 위장한다 해도 이상한 일이 아닙니다.

19) 히브 2, 14b-15
20) 2코린 11, 13-14

신자들을 울리는 그럴듯한 사이비종교 지도자들에게서 흔히 볼 수 있습니다.

과연 천의 얼굴을 가지고 있는 마귀는, 때로는 나를 도와주려는 선의 아름다운 모습을 하고 나타나기도 하기에, 쉽게 마귀의 하수인이라고 단정하고 끊기 어려운 경우도 있습니다.

이렇게 마귀는 인간이 하느님의 은총을 잘 사용하여 높은 덕에 이르고 천국에 가는 것을 한없이 질투하고 싫어하기 때문에, 사람을 죄악으로 유혹하기 위해 마치 굶주리고 성난 사자처럼 돌아다닙니다. 그래서 어떤 경우도 항상 경계심을 늦추지 말아야 한다고 사도 바오로는 말씀 하셨습니다.[21]

이런 일화가 있습니다.

어느 날 마귀(악마)들이 한자리에 모여서 '어떻게 유혹을 하면 보다 더 많은 사람을 지옥에 떨어지게 할 수 있을까?' 하는 방법에 대해서 회의를 했답니다.

그때 어떤 마귀가 일어나서 "이 사람아, 하느님이 있기는 뭐있어! 지옥도 없는 거야! 그런 것은 다 마음이 약한 사람들이 하는 말이야!" 이렇게 유혹하는 것이 가장 좋은 방법이라고 말했습니다. 그러자 다른 마귀가 말하기를 "그것보다 더 좋은 방법이 있는데 '다른 사람들도 다 안 믿고 있는데 뭐, 그렇기 때문에 너도 안

---

21) 1베드 5,8

믿어도 돼!'라고 유혹하는 것이 더 좋은 방법이다."라고 했습니다.

그러자 또 다른 마귀가 "안 믿겠다는 것이 아니라 이다음에 꼭 믿겠다!'라는 핑계를 대 자꾸 뒤로 미루도록 유혹하는 것이 가장 좋은 방법이다."라고 하자 모든 마귀들이 이구동성으로 "그래, 그 방법이 제일 좋구나! 그 방법으로 유혹해서 사람들을 전부 지옥으로 떨어뜨리자" 하며 만장일치로 채택했다고 합니다.

이와 같이 마귀들은 우리가 하느님을 믿지 않고 지옥불 속에 떨어지게 하기 위해서 온갖 수단과 방법을 가리지 않고 총동원해서 우리를 유혹하고 있습니다. 그러니 이런 핑계, 저런 이유로 자꾸 다음으로 미루지 말아야 하겠습니다.

우리는 확실히 예수 그리스도의 죽으심과 부활로써 구원을 받아 하느님의 자녀로서 살고 있지만, 인생 최후의 승리는 아직 우리의 것이 되지 않고 있다는 사실을 명심해야 할 것입니다.

12. 하느님 보셨나요?

"하느님을 본 사람이 있어?"

"내 눈으로 직접 보면 믿을 텐데…" 하고 말하는 사람들이 많이 있습니다. 얼핏 들으면 그럴듯한 이야기처럼 들립니다.

뒤통수에 앉은 파리를 우리가 볼 수 없다고 해서 '파리는 없다'거나, 코로나 균처럼 현미경으로만 볼 수 있는 아주 작은 균을 눈을 아무리 크게 떠도 안 보인다고 '없다'고 할 수는 없지 않겠어요?

창조주이신 하느님께서는 우리 오관(五官=눈, 귀, 코, 입, 피부)으로는 도저히 감지할 수 없는 비물질적인 존재, 즉 순수 완전하신 신(神)

이시기 때문에 우리의 감각을 통해서 알 수 있는 분이 아니십니다. 그래서 창조주의 모습이 우리 인간의 눈에 안 보인다고 해서 창조주가 존재하지 않는다거나 유한한 존재가 무한한 존재를 파악하거나 담아 낼 수 있다는 생각은 어불성설입니다.

서슬 퍼런 박해시대였던 1839년 7월 20일, 김 루시아는 22세의 꽃다운 나이로 서소문 밖에서 참수형(목을 베어 죽이는 형)으로 순교했습니다.

"너는 창조주를 보았느냐?"라며 그녀를 취조하던 형리의 질문에 "시골 백성이 국왕을 뵈옵지 않고는 국왕 계신 줄을 믿을 수가 없겠습니까? 저는 천지와 만물을 보고 창조주께서 계신 줄을 믿는 것입니다"라고 답하였습니다.
이에 갑자기 말문이 막혀버린 형리는 더 가혹한 형벌을 내렸다고 합니다.

이렇게 김 루시아 성녀의 말처럼, 우리의 감각기관인 오관을 통해 알 수 없다고 존재하지 않는 것이 아닙니다. 감각 이외에 우리가 지닌 지성을 통해서 이치를 따져보고 비로소 알 수 있는 대상들이 얼마든지 많이 있습니다.

밤하늘에 반짝이는 모든 별들은 한 치의 오차도 없이 끊임없이 자신의 궤도를 따라 정확히 움직이고 있으며, 대자연들의 모든 생물들은 제각기 삶의 법칙에 따라 생성과 사멸을 반복하며 발전해 가고 있습니다. 비록 우리의 눈으로는 볼 수 없지만 이 모든 것들을 주관하고 주재하시는 그 어떤 절대적인 분이 존재하신다는 것을 알 수 있지 않을까요?

 창조주를 눈으로 볼 수 없으니 창조주의 존재를 믿지 않는다면, 마치 아름다운 예술 작품을 보면서 그 작품을 만든 작가를 만나본 적이 없으니 이 작품을 인정하지 않겠다고 하는 것과 다를 바가 없습니다.

 가끔 보면 '하느님을 누가 봤나?'라고 하시는 분들이 있습니다. 하느님은 우리 인간과는 달리 육체나 형체가 없는 비물질적인 존재이고 모든 선과 덕을 갖춘, 순전(純全)한 신으로서 생명의 근원이시며 시간과 공간을 초월한 영원한 분이십니다. 그러므로 창조주는 인간의 육안과 감각적인 오관을 통해 그분을 감지하는 것은 불가능합니다.
 그러나 만에 하나 혹시라도 혹시 인간의 오관을 통해 감지할 수 있다면 그런 존재는 변할 수 있는 물질이기에 이미 더 이상 순전한 신이라고 할 수가 없는 것입니다.

 하느님은 단지 그분께서 인간에게 주신 지혜를 통해 유추할 뿐이며 오로지 신앙을 통해서 창조주의 존재를 확신할 수 있게 될 뿐입니다. 이처럼 지상에 있는 그 많은 생물의 종 중에 인간만이 하느님의 존재를 알아 볼 수 있었던 이유는 인간에게 지성을 불어 넣어 주셨기에 비로소 우리가 창조주의 존재를 인정하고 그분을 찬미하고 그분께 기도를 바치며 영광을 드릴 수 있는 것입니다.

13. 하느님이 계신지 어떻게 알아요?

하느님의 존재에 대해 말한 많은 이들 가운데 가장 대표적인 스콜라학파 신학자인 성 토마스 아퀴나스[22]가 집필한 신학대전(Summa Theologiae)에 있는 신의 존재를 증명하는 다섯 가지 방법을 소개합니다.

첫 번째 방법은 운동을 통한 증명입니다.

여기서 운동이라는 것은 A라는 장소에서 B라는 장소로 옮겨지는 것뿐 아니라 물리적, 화학적 변화까지도 포함해 말합니다. 성 토마스는 '움직이는 모든 것은 반드시 다른 것으로부터 움직임을 받아서만 움직인다.'라고 했습니다.

---

22) 성 토마스 아퀴나스 1225-1274. 도미니꼬 수도회.

그러니까 모든 것들은 그 어느 하나도 누군가가 건드리지 않으면, 그 스스로는 움직일 수 없기 때문에 정지 상태에 있을 수밖에 없는데 그것이 만일 지금 움직이고 있다면, 반드시 다른 어떤 것에 의해서 움직임을 받았기 때문이라는 것이에요.

그렇다고 이렇게 '움직임을 받아서만' 움직일 수 있는 수동적인 것들로만 한없이 이어져 있다면, 운동 즉 능동적인 움직임은 결코 있을 수 없을 것입니다.

그런데 이 우주를 보면 자전, 공전 등 광대무변한 천체운동 뿐 아니라 미소한 원자운동에 이르기까지, 이 세상 사물들이 이미 모두 움직이고(運動) 있음을 볼 수 있습니다. 그렇다면 결국 남의 도움 없이 스스로 움직이며, 다른 것들을 움직여 줄 수 있는 것이 반드시 있어야만 하는데, 그러한 부동의 첫 원동자(原動者)는 바로 신이라는 것입니다.

쉽게 이해하기 위하여 예를 들면, 지하철이 달리고 있을 때 맨 뒤의 차량은 스스로 달리지 못하지만, 그 바로 앞의 차량이 끌어주고 그 앞의 차량은 다른 앞 차량이 그 차량은 또 다른 앞 차량이… 이렇게 끌어주면서 달려갑니다. 그러나 그런 차량들이 아무리 한없이 소급되어 이어져 있다 하더라도 그것들만으로는 결코 굴러갈 수 없을거에요.

그런데도 굴러가고 있는 것은, 맨 앞에서 뒤의 모든 차량을 끌어주는 전동차가 반드시 있기 때문인데, 이러한 전동차 역할을 하는 우주의 부동의 제일 원동자(原動者)를 신이라고 부른다는 겁니다.

둘째 방법은 능동원인(能動原因)을 통한 증명입니다.
'모든 존재하는 것(결과)에는 그 결과를 생기게 한 원인이 반드시 있다.'라는 원리입니다. 그래서 결과를 보고 그 원인의 존재는 물론 또 그 성능까지도 알 수 있다는 것입니다.
우리말에 이런 말이 있지요. "아니 땐 굴뚝에 연기 나랴!", 이 말은 연기를 보면 비록 직접 보지는 못했지만 반드시 누군가가 불을 땠다는 거지요.

또 인공위성이나 컴퓨터, 스마트폰 등을 보면서 그것들이 저절로 만들어져서 하늘에서 떨어졌다고 생각하는 이는 없을 거예요. 비록 본 적은 없지만, 그것들을 발명한 사람들이 반드시 있을 뿐아니라, 그것들의 정교함을 보아 그 사람들의 두뇌가 일반 사람들보다 명석할 것이라는 것을 추정해 알 수 있습니다.
그렇듯이 이 우주 만물을 보면서 신은 인간의 유한한 지혜와는 다른 무한한 지혜의 존재자임을 알 수 있습니다.

여기서 중요한 것은, 이 세상 사물 가운데 아무것도 자신이 결과이면서 동시에 그 자신의 원인이 될 수는 없다는 거예요. 왜냐하면, 자기가 자신의 원인이 되자면 그것은 그 자신에 앞서 존재했어야만 했을 것이기 때문입니다. 마치 자식이 제 스스로 태어날 수 없고, 부모보다 먼저 태어날 수 없듯이 말이지요. 그리고 여기서도 그 결과의 원인, 그리고 그것의 원인은 또 다른 게 원인… 이런 식으로 한없이 소급될 수 만은 없기 때문입니다.

최종적으로, 우주 만물이 이렇게 존재하는 것을 보면 존재케 하는 원인이 반드시 있다는 겁니다. 그래서 거슬러 올라가다 보면 최종적으로 다른 것이 존재 할 수 있게 하는 원인이 되기는 하지만, 자기는 자신을 존재케 하는 또 다른 원인이 필요치 않고 스스로 존재하는 그러한 원인이 반드시 있는데, 이를 제일 원인 즉 신이라 하는 것입니다.

세 번째 방법은 우연유와 필연유를 통한 증명입니다.
존재에는 두 가지가 있는데 존재할 수도 있고 존재하지 하지 않을 수 도 있는 그런 존재를 우연적인 존재 즉 우연유(偶然有)라고 합니다. 이러한 우연유들은 타력(他力)에 의해 자기 존재를 부여받지 않고서는 스스로는 존재할 수 없습니다. 그러니까 어떤 사물이 지금 존재 한다면 그건, 존재하지 않던 상태에서 자기 스스로 존재하면서 다른 것을 존재케 하는 어떤 것으로부터 그 존재를 부여받았다는 것입니다. 여기서 그 어떤 것을 필연유(必然有)라고 합니다.

예를 들면 구들장이 뜨거울 수도 있고 안 뜨거울 수도 있는데 지금 뜨거워져 있다면 우연유이고, 반면 구들장을 뜨겁게 해준 불은 그 본질상 뜨겁지 않을 수 없기 때문에 필연유입니다. 여기서 불의 힘이 아니고서는 아무리 세월이 흘러간다 하더라도, 구들장은 그대로 차가울 뿐 결코 우연히 뜨거워질 수는 없는 것입니다. 그 구들장이 지금 뜨겁다는 것은 불의 힘을 언제고 받았기 때문인 것이지요.

아무것도 없는 상태에서는 결코 무언가가 생성될 수는 없는 것인데, 그런데도 모든 세상의 사물이 지금 이렇게 존재하는 것을 보면, 모두 우연적인 존재만은 아니고 자기 스스로 존재하면서 다른 것이 존재할 수 있도록 해주는 능력의 필연적 존재가 따로 반드시 필요하고 그 필연적인 존재가 있어서 그로부터 세상만물이 그 존재를 부여 받은 것입니다.

현대과학은 이 지구상에 어떠한 생물도 전혀 없었던 시대가 있었다는 것과, 무생물에서 생물이 자연 발생할 수 없음도 증명하였습니다. 빅뱅우주론(대폭발론)에 의하면 우주는 약 150억 년 전의 대폭발 이후로 끊임없이 팽창하고 있고, 또 방위성 동위원소 연대 측정법의 연구결과에 따르면 지구는 약 45.5억 년 전 그리고 인류는 약 300만 년 전에 탄생되었다고 합니다.

그러니까 이 우주의 모든 사물은 우연유(=혹은 可能有)라고 말할 수 있습니다.

그러나 현재 엄연히 존재하고 있는 것을 보면, 많은 시간 속에서 우연히 그렇게 될 수 있었던 것이 결코 아니고, 반드시 필연유 때문에 존재하고 있는 것입니다.

그런데 세상 모든 사물을 존재케하는 이 필연유는, 존재의 기인(基因=근본이 되는 원인)이 자기에게 있기때문에, 즉 자기 존재 이유가 바로 자기 자신이기 때문에, 언제나 실존하면서 결코 존재하기를 시작하거나 그만두고 소멸하지 않는 존재, 즉 '없었던 적이 없이 항상, 영원히 존재하는 존재' 이 절대, 최고 필연유를 신이라고 하는 것입니다.

넷째 방법은, 사물들이 드러내는 완전함의 등급에 의한 증명입니다.

어떤 것이 다른 것보다 더 낫다거나 못하다 할 수 있지만, 이 세상에 있는 모든 사물은 그 어느 것도 절대 완전한 것이 없다는 것입니다. 우리가 그렇게 말을 할 수 있게 하는 완전의 척도, 기준이 되는 최고로 완전한 자의 존재가 전제(前提)되어야만 합니다.

또한 세상에서 아무리 아름답다 하더라도 죽은 것이 아름답다고 말할 수는 없습니다. 그렇다면 아름다운 것은 "항상 살아있어야" 하는 것인데 이 세상에 그런 생명체는 하나도 없지요. 따라서 이 세상의 우연적 존재자들 안에서 관찰되는 상대적인 진리와 선과 아름다움은, 필연적으로 그 진선미의 최종 기준이 되는 어떤 최고의 존재자가 있어야 합니다.

그리하여 이 최고로 완전한 자는 우리가 보다 낫다, 보다 못하다고 말을 할 수 있게 하는 전제가 되는 척도이고, 동시에 가치 있는 모든 것들의 근거이기도 합니다. 이 최고로 완전한 자, 절대자를 신이라고 하는 것이지요.

다섯 번째 방법은, 우주 또는 자연의 질서를 보고 지성을 생각하며 최고의 예지(叡智)로 가는 목적론적 방법입니다.

우리는 자연계에서 아무런 지각이 없는 무생물들이 어떤 목적을 향해서, 아주 질서 있게 움직이고 작용하는 것을 보게 됩니다. 그런데 이런 일들이 어쩌다 한번 일어난다면 혹 우연적이라고 하겠지만, 항상 일정하게 되풀이 된다면 우연으로 발생될 수는 없다는 것입니다.

그것은 모든 사물들을 목적에 따라(혹은 목적을 향해) 활동할 수 있도록 그들에게 지적인 능력을 부여하거나, 혹은 목적을 정해주고 이들을 이끌어 줌으로써, 목적에 부합하는 질서를 통해 활동하도록 만드는 어떤 지적인 존재에 의한 것이며 이 존재가 바로 신(창조주)인 것입니다.

예를 들면 비행기는 여러 기계들이 그의 목적에 따라 질서정연하게 작동하고 있지만, 작동 목적을 각 기계 스스로가 결정해서 움직이는 것이 아니고 제작자가 따로 있어 제작할 때 각 기계의 사용 목적을 부여한 그대로 움직이고 있는 것입니다.

생각해보면 비행기 부속품보다 더 많은 우주의 천체들은 감각이나 생각이 없는 무생물인데도, 늘 아주 질서정연하게 움직이고 있는 것을 보면 이 역시 장구한 세월 속에 우연히 그렇게 된 것이 아니고, 그것들에게 질서정연하게 움직이도록 처음부터 의도적으로 목적을 부여한 어떤 인식능력을 가진 최고 지성이 존재한다는 것을 생각하지 않을 수 없습니다.

이렇게 이 세상만물과 우주 전체를 질서 있게 움직이고 다스리는 주관자, 설계자, 즉 최고의 예지자(叡智者)를 하느님이라고 하는 것입니다.

14. 하느님은 어떤 분?

창조주 하느님은 과연 어떠한 분이실까요?

그동안 여러 세기에 걸쳐 수많은 철학자들과 신학자들은 꾸준한 사유에 의해 하느님의 존재뿐 아니라 속성까지 추론해 내었습니다.

일반적으로 신이라고 말할 때 영어로는 소문자로 god이라고 하고 반면 창조주 신은 대문자로 God이라고 표기하고 있습니다.

대문자로 표기하는 이유는, 창조주 신은 아래 나오는 모든 것들을 갖춘 최고, 완전, 절대자이시고 유일한 존재자이시기에 일반 잡신과 구별하여 대문자로 표기하는 것입니다. 그 창조주를 우리는 하느님이라 부릅니다.

하느님은 무형하고 완전하신 신으로서 시공을 초월한 분이시기에 인간의 감각으로는 감지하기가 불가능합니다.

왜냐하면 물질은 시간 속에서 변화되며 이는 그 자체로 불완전을 뜻하기 때문입니다. 그러나 하느님은 비물질적 존재이시기에 시간과 공간에 구애받지 않고, 우리 인간들처럼 병들거나 쇠약하거나 죽지 않고, 아무런 변화 없이 늘 완전하시고 시작도 끝도 없이 영원히 항상 현존하십니다.(무시지시 無始之時), 동시에 무한히 광활한 우주와 이 세상에 가득 차 있고 (무량 無量) 동시에 이 세상 어느 곳에나 다 살아계시는 분(무소부재 無所不在) 이십니다.

하느님은 또 당신의 의지만으로 무에서 유를 창조해 내셔서 우주 만물과 이 세상에 존재하고 있는 모든 것들과 인간의 은밀한 생각, 미래까지도 환히 다 알고 계시는 전지전능하신 최고의 이성과 지성을 갖추신 인격신(人格神)이십니다.

또 하느님은 진, 선, 미 자체이신 분이시기도 합니다.

하느님은 진리 자체이신 분으로서 온전히 진실하신 분이므로 모든 진리의 원천이신 분입니다. 인간은 이러하신 하느님의 모상으로 태어났기에 우리가 진리를 향할 때에만 비로소 온전한 인간이 되는 것입니다.

하느님은 무한히 선하신 분입니다. 그 선하심으로 이 세상 모든 사람과 피조물들에게 언제나 좋은 것을 마련하시고 베풀어 주시는 분이십니다. 그러나 우리를 사랑하시는 하느님께서는 인간이 선을 택하는지 악을 택하는지는 우리에게 심어주신 자유의지에 맡기셨습니다.

하느님은 무한히 아름다운 분이시기에 이 세상에 있는 모든 아름다움의 근원이 되십니다. 그러므로 우주 만물은 물론 모든 피조물들을 아름답게 꾸미셨습니다. 그 중에서도 특히 인간들에게 온갖 아름다움을 부여하시고는 이를 보시며 기뻐하십니다.

하느님은 또 무한한 사랑에 넘치는 분이십니다. 그분은 이 세상의 그 어떤 사랑과도 비길 수 없이 더 크고 온전하신 사랑으로, 온 인류를 당신 가슴에 품고 끊임없이 우리와 더할 나위 없이 친밀한 사랑의 통교(通交)를 하시는 분이십니다.

또 하느님은 무한히 거룩하고 공의(公義)로운 분이십니다.

지극히 공정하고 정의로운 하느님은 우리 인간들에게 양심을 심어주셨습니다. 그래서 하느님께서는 당신의 모습이 새겨진 이 양심을 거스르지 않고 의롭게 살아가기를 원하십니다. 그러므로 우리 각자는 자신과 이웃에게 뿐만 아니라 더 나아가 세상에 대해서도, 사회정의를 위해 힘써야 할 양심의 의무가 있는 것입니다. 여기에는 상벌 차원의 문제가 아니라 모든 피조물이 다 함께 하느님의 온갖 진, 선, 미와 의로움을 누리며, 서로 도우면서 살아야 할 의무가 있음을 의미합니다.

하느님은 무한히 자비로우신 분이시기에 우리 인간이 죄에 떨어졌을 때, 자애로운 아버지의 마음으로 우리를 바라보시며 우리가 지은 죄를 회개하기를 간절히 원하십니다. 우리가 아무리 큰 죄를 지었을지라도 진심으로 뉘우치며 아버지이신 하느님께 돌아설 때, 집 나간 방탕한 아들을 기다리시던 아버지처럼, 깊은 연민의 정으로 서둘러 우리를 맞이하며 용서해주시는 분이십니다.[23]

이렇게 진선미와 자비와 사랑의 하느님은 당신의 넘치는 속성으로 우리 인간들을 사랑하시기에, 우리의 행복이 영원히 지속되기를 간절히 원하시는 분이십니다.

이러하신 하느님은 어떤 마음을 지니신 분이실까요?

한마디로, 아마도 자나 깨나 오로지 자녀들만 생각하여 자신의 희생은 아랑곳하지 않고 온갖 좋은 것은 다 주고 싶어 사랑을 쏟아 부어주시는 부모님들의 마음이 아닐까 합니다.

그렇다면 아버지보다 더 아버지다우신 (떼르뚤리아누스 성인 말씀) 하느님께, 넘치는 사랑을 받는 그분의 자녀인 우리는 당연히 효성 어린 마음을 지녀야 하지 않겠습니까?

우리가 매일 숨 쉬며 공기 안에 살고 있지만 공기를 의식하지

---

23) 루카 15, 11-32

못하는 것처럼, 우리도 하느님 안에 살고 있지만 하느님이 계신 듯 안계신 듯 우리는 그분을 감지하지 못합니다.

그분을 파악했다고 느끼는 순간 그분은 이미 거기 계시지 않고, 알았다고 느꼈을 때 하느님은 그를 또한 훨씬 뛰어넘어 오히려 우리의 앎을 무지로 만드시는 분이십니다.

이렇게 하느님께서는 우리의 한계에 담을 수 없이 무한히 크시고 위대하신 분이시기에 우리는 그분의 전부를 깨닫기는 힘든 것입니다. 그렇기에 하느님께 대해 일어나는 끊임없는 온갖 회의나 의혹은, 오히려 하느님이라는 무한하신 존재의 대양(大洋)을 인식할 수 있는 능력이 우리에게 없다는 반증이며, 이것을 겸허하게 인정하고 받아들이는 것, 이것이 신앙이고 여기에 거룩함이 존재하며, 이를 통해 우리는 구원과 영생이라는 최고의 보물을 얻게 됩니다.

15. 하늘과 땅 그리고 삼라만상

　이번에는 하느님의 전지전능하심과 무량(無量=한없이 크심)하심에 대하여 알아보겠습니다.
　하느님의 첫 작품은 우주를 창조하신 것이고, 우리는 그 무한한 우주에서 지극히 작은 한 점에 지나지 않는 지구라는 행성에서 살고 있습니다.

　지구는 처음 생성되었을 때 약 3,000도 이상의 불덩어리였습니다. 지구의 반경은 6,378km, 무게는 599톤에 0을 19개 더한 것이고, 표면은 5~50km 밖에 되지 않고 그 속은 여전히 시뻘건 불덩어리의 용암이 끓고 있습니다.
　또 지구는 23.5도가 기울어져 있으며, 초당 400m의 속도로 자전을 하면서 매초 30km의 속도로 태양을 1년에 한 바퀴씩 공전을 하고 있습니다. 1초에 30km의 속도라면 서울에서 부산까지는 15초밖에 걸리지 않는 셈이니 그 속도를 대충 짐작할 수 있겠지요.

그리고 1초에 400m의 속도로 돌아가고 있는데도 달리는 속도의 충격이나 어지러움이 전혀 느껴지지 않아, 마치 움직이지 않고 가만히 정지해 있는 것처럼 느껴지니 이 얼마나 신기한 일입니까!

태양은 또 어떻습니까? 그 지름은 지구와 달 사이의 평균 거리의 4배에 해당하며, 무게는 33만4천배나 무겁고 부피는 지구의 127만 9천배나 된다고 합니다. 만일 지구가 이렇게 큰 태양 속에 빠진다면 마치 사람이 바다 속에 빠진 것처럼, 찾을 길이 없다고 하니 태양의 크기를 대충이나마 어림짐작해 볼 수 있겠지요. 그러한 태양주위를 우리가 살고 있는 이 지구는 포탄보다 4~5배나 더 빠른 속도로 돌고 있습니다!

그리고 태양계를 살펴보면 태양은 지구와 같은 대행성 9개와 그들의 위성, 소행성, 혜성 등 1600개가 주위를 돌고 있다고 하니 그 광대함은 참으로 어마어마하고 놀라운 것이지요. 하지만 그것 역시 우주 공간에 비하면 지극히 미세한 하나의 점 정도 밖에 되지 않습니다.

우주와 천체들에 관해 과학자들의 말을 빌리면 지금부터 137억 년(오차범위 2억 년) 전에 빅뱅 즉 대폭발로 우주의 현재 단계가 형성되었습니다. 그로부터 약 50억 년 뒤에 은하수, 은하라는 것이 형성되었고 또 그로부터 약 50억 년 뒤에 태양과 여러 행성과 지구가 형성되었다고 합니다.

우주의 구성 요소는 은하, 별, 성단, 성운으로 이루어졌으며 우주의 크기는 수억 광년이라고 하는데, 1광년은 약 9조 5천억km라고 합니다. 그러나 이 크기는 무한한 우주에서 지금까지 인간이 알아낼 수 있는 크기에 지나지 않을 뿐입니다.

우주에는 약 1천억 개의 은하가 있고 한 개의 은하 속에 약1천억 개의 별이 존재하고 있는데, 한 가지 경이로운 사실은 우리가 지금 눈으로 보고 있는 별의 모습은 현재의 별의 모습이 아니고, 그 별이 멀리 떨어져 있는 거리만큼 과거의 별을 보는 것이라고 합니다.

예를 들어, 그 별이 10만 광년 떨어져 있는 별이라면 10만 년 전에 반짝이던 빛을 10만년 후인 오늘에야 비로소 보게 된다는 것입니다. 그리고 만일 그 별이, 9만 년 전에 소멸되었다면 현재는 존재하고 있지 않은 별을 있는 것처럼 보고 있는 것이라고 합니다.

이렇게 광대무변한 우주 안에 수천억도 넘는 천체들이, 엄청난 속도로 수십억 년을 달리고 있는데도 충돌하거나 멈추는 일이 없이 1초의 백분의 1도 틀리지 않고 정확하고 질서 정연하게 제 궤도를 돌고 있다니, 우리 인간의 작은 두뇌로는 그저 놀라울 따름입니다. 그런 모든 것들이 무수한 세월 속에 과연 우연히, 저절로 생성되었을까요?

물리학자들은 우리의 우주가 '미세 조율'되어있다고 말하는데 이 말은 마치 누군가 무엇인가에 의해 미세하고 정밀하게 조율된 것처럼 보인다는 뜻을 담고 있는 표현입니다.[24]

즉 물리학의 가장 기본이 되는 법칙들이 아주 조금만 달랐어도 우리가 존재할 수 없었을 것이라고 말합니다. 그만큼 너무도 완벽하게 이 법칙들이 조화되었기에 생명체들이 생존할 수 있는 조건을 갖출 수 있게 되었다고 합니다. 무신론자인 과학자들도 이를 두고 '결코 우연이 아니다'라고 말하며, 마치 누군가가 세밀하게 조절하여 인간이 살 수 있는 조건을 갖추도록 미리 준비한 것 같이 보인다고 말합니다.

많은 이들이 알고 있는 내용이겠지만 다시 한 번 진지하게 이 문제를 생각해보도록 초대합니다. 그러니 한번쯤은 모든 존재와

---

24) 이런 학설의 대표적인 천문학자로는 영국왕립협회 총재 마틴 리스(Martin Rews. 1942~)가 있다.

동력(動力)과 질서의 원인이 되는 창조주 하느님의 전능하심과 무한히 크심을 겸허한 마음으로 인정해야 하지 않을까요?

16. 인간 - 하느님의 최고 걸작품

하느님께서 창조하신 모든 피조물 가운데 가장 최고의 작품은 단연 인간입니다. 우주 가운데에서도 오직 지구라는 행성에 존재하는 인간은 모든 동식물과 더불어 함께 살아가는 생명체로서 성장할 뿐만 아니라 움직이기도 합니다.

이러한 생명체들의 기능을 세 가지로 분류한다면,

첫째로, 모든 식물들은 제각기 생명에 있어서 성장하는 능력을 갖고 있을 뿐 아니라, 제때에 꽃이 피고 열매를 맺고 씨를 떨어뜨려 제2의 생명을 탄생시키고 있습니다. 식물이 비록 보잘것없고 연약하게 보이지만 어떤 때 길을 걷다 보면, 시멘트나 아스팔트 바닥을 뚫고 올라오는 것을 보노라면 그 성장하는 생명력이 참으로 대단하다고 느껴집니다.

둘째, 동물들은 식물의 생명력과 성장력 이외에 우수한 감각적 능력을 더 갖고 있다는 것입니다.

셋째, 인간 생명체에 관한 능력입니다.
200여개의 뼈로 섬세하게 구성된 인간의 신체야말로 이 세상 모든 동물 중에 가장 뛰어나고 아름답습니다. 그러나 우리 인간이 아무리 대단하고 차원이 높다 할지라도, 단순히 육체와 감각적인 기능만으로는 먹고 마시며 사멸한다는 면에서 똑같은 오장육부를 지닌 동물이나 별 차이가 없습니다. 오히려 감각능력 면에서는 후각이나 청각, 시각 등 동물들이 훨씬 우월하기도 합니다.

예를 들어 동물들의 회귀 본능(回歸本能)에 대해 생각해보면, 연어는 치어 때 강에서 자라다가 어느 정도 크게 되면 수만 리 떨어진 태평양까지 헤엄쳐 나갔다가, 죽을 때가 가까워지면 알을 낳고 번식을 하기 위해 반드시 자기가 자라던 강으로 되돌아온다는 것입니다. 또 제비나 철새들을 보면, 그들도 계절의 변화에 따라 수만 리를 날아서 반드시 자기가 있던 곳으로 정확히 찾아간다고 합니다.

개들이 트렁크 속에 깊숙이 숨겨놓은 마약을 정확히 찾아내는 후각 기능은 참으로 놀랍지요. 박쥐들은 아무리 어두운 밤중이라도 2~3m 밖에 안 되는 좁은 바위굴을 마음대로 날아다녀도 전혀 장애물에 부딪치지 않는다는 거예요.

이처럼 하느님께서는 대자연 속에 살아가고 있는 크고 작은 모든 식물과 동물들이, 각기 나름대로 서로 어우러지며 살아갈 수 있도록 각자에게 알맞은 기능을 부여해 주셨습니다. 그러나 아무리 동물들이 우수한 기능을 갖고 있다 할지라도 이것은 생존만을 위한 보호기능일 뿐입니다.

그러나 인간은 동물들과는 차원이 다른 기능을 소유하고 있습니다. 희,노,애,락,애,욕,증(喜怒哀樂愛慾憎)등의 감정이 있으며, 동시에 사고하고 판단하고 추리하는 능력인 지성을 지니고 있습니다. 이런 능력으로 인해 인간만이 문화와 문명을 이루고 발전시킬 수 있는 것입니다. 더 나아가 높은 영적인 세계를 추구하며 최종적으로는 신을 갈망하기에 이릅니다.

바로 이런 면에서 하느님께서 창조하신 작품 중에 가장 최고의 걸작은 인간 생명체라는 것입니다.

17. 왜 인간을 만드셨을까?

하느님께서 태초에 하늘과 땅을 지어내셨고, 육지와 바다를 갈라놓으시고 온갖 식물들과 새들과 동물과 물고기들을 번식케 하셨습니다. 그리고 맨 마지막으로 하느님의 모습을 닮은 인간을 남녀로 창조하시어, 자식을 낳고 번성하며 이 세상을 다스리라고 하시면서 축복하여 주셨습니다.

하느님께서 처음에 인간의 육체를 진흙으로 빚어 만드시고 그 다음에 코에 입김을 불어 넣으시니 사람이 되어 숨을 쉬었다[25]라고 성경은 기록하고 있습니다.

여기서 당신의 모습을 닮았다는 뜻과 코에 입김을 불어넣으셨

---

25) 창세 2, 7

다는 뜻은, 우리 인간들은 동물들이 갖고 있는 육체적 생명력 이외에 특수한 은총(恩寵=하느님의 은혜, 사랑)을 받았다는 것입니다. 즉 겉모습인 육체가 하느님을 닮았다는 것이 아니라 영혼이 하느님의 본질을 닮았다는 뜻입니다.

다시 말하면, 우리의 영혼이 영원히 불사불멸하고 지혜가 밝고 선악을 판단할 수 있는 양심과, 자유와 평화를 향유할 수 있는 권리를 받았을 뿐 아니라, 하느님의 창조물과 세상을 더욱 아름답게 가꿀 책임도 받았다는 뜻입니다.

한마디로 우리 인간의 영혼이 참되고 착하고 아름다움의 근원이신 하느님의 모습을 닮아 창조되었다는 뜻입니다. 그러므로 우리의 영혼은 하느님처럼 불사불멸하는 생명과 함께 영원한 행복을 누릴 자격을 얻게 되는 것입니다.

그런데 반드시 명심해야 할 것은 권리와 자유란 책임과 의무가 그림자처럼 뒤따라야 비로소 완성된다는 것입니다.

그러므로 하느님께로부터 무상으로 받은 권리와 자유, 본래의 가치와 의미를 잘 깨닫고 행함으로써 책임과 의무에 힘쓸 때, 이것이 바로 하느님께 기쁨과 영광을 드리는 것이 되는 것입니다. 그리고 모든 피조물들과 함께 조화롭고 더욱 풍요로운 아름다운 세상을 이룩하게 되는 것입니다.

그런데 인간이 스스로 자만하여 자연을 더욱 아름답게 가꾸고 더욱 편리하게 만든다는 미명아래 자연파괴를 자행하거나, 악을 궤멸하고 평화를 이룩한다는 명분으로 전쟁을 위한 핵폭탄을 경쟁하듯 만들고 있습니다.

이렇듯 윤리 도덕에 어긋나는 일들을 저지른다면 그것은 하느님의 뜻을 거스르는 행위인 동시에 자신뿐 아니라, 마침내는 온 인류를 자멸케 하는 불행을 초래하게 될 것은 너무도 분명합니다.

하느님께서 인간을 창조하신 목적은, 우리 인간이 하느님의 뜻을 따라 착하고 올바른 삶을 삶으로써 하느님께 영광을 드리는 것입니다. 이렇게 하느님의 의로운 자녀가 되어 영원히 불사불멸하는 새로운 생명을 얻어, 하느님의 나라에서 무궁무진한 영원한 절대 행복을 누리는 것입니다.

18. 인간의 타락

태초에 하느님께서 지극하신 사랑으로 온 우주와 인간을 창조하실 때 모든 것은 완전한 행복으로 가득 차 있었습니다. 낙원에서 선과 악을 알게 하는 선악과의 열매만 제외하고 모든 것을 인간을 위해 마련해 주셨습니다.

이렇게 인간은 영혼과 육신이 죽지 않을 뿐 아니라, 그의 모든 후손들인 온 인류도 아무런 고통도 없이, 하느님과 함께 마음껏 즐기며 기쁘게 살도록 마련해 주셨습니다. 그리고 그것을 당신의 기쁨과 영광으로 삼으셨습니다.[26]

---

26) 창세 2장~3장

그런데 불행하게도 인류의 첫 조상인 아담과 하와는, 간교한 뱀(사탄, 마귀)의 꾐에 빠져 하느님의 말씀을 정면으로 거스르는 죄를 지음으로써(불순명),[27] 낙원에서 쫓겨났고 그 결과가 장차 태어날 후손들에게까지 미치게 되었습니다. 이를 교회에서는 원죄(原罪)라고 말합니다.

---

27) 창세 3, 6

19. 자연 종교와 하느님의 계시(啓示) 종교

    종교(宗教), 즉 모든 가르침과 배움의 으뜸이 되어야 할 것, 우선 이 되어야할 것은 삶과 죽음 등 인생 문제를 먼저 알아야 하고, 그리고 사후에도 진정한 행복의 세계로 가는 길을 인도해준다는 의미가 종교입니다. 그런데 우리가 살고 있는 이 세상에는 헤아릴 수 없이 많은 종교들이 있습니다. 과연 어떤 것이 참된 종교일까요? 그리고 종교는 선한 것을 가르치니까 다 똑같은 게 아닌가 하는 분들이 있습니다. 그러나 그렇지 않기에 올바른 종교를 제대로 선택한다는 것은 참으로 중요합니다.

    아직 과학이 발달하지 못한 미개한 시대에 무섭고 강력한 천둥번개, 태양, 큰 바위, 곰, 나무(서낭당) 등, 동식물 그리고 환상이나 꿈, 질병 등의 문제를 신체적인 현상인 줄 모르고 육체 외에 어떤 신령한 존재가 있을 거라고 여기고, 신으로 믿던 원시시대의 종교가 있는가 하면, 이런 관념에서 발전하여 인간의 윤회설과 조상숭배의 관념이 싹트기 시작했습니다. 그리고 여기서 더 나아가 영혼이나 인격신을 부정하고, 인간이 스스로의 지혜로 깨달아 진리에 도달하게 된다는, 철학적인 지혜종교가 있습니다. 그러나 이런 원시, 자연종교들과는 달리 온 우주와 인간을 창조하신 유일신이신 하느님께서 당신을 드러내신 계시 종교가 있으니 그것이 바로 그리스도교인 것입니다

종교는 좋은 말하고 착하게 살라고 가르치니 다 똑같은 게 아닌가 하는 분들이 있습니다. 그러나 조금만 들여다보면 요즘 우후죽순 격으로 생겨나는 소위 종교라는 단체들을 보면 정통교회와는 근본적인 차이가 있다는 것을 알게 됩니다.

무엇보다도 소위 신흥종교의 창시자인 교주들의 공통적인 특징은, 정상적인 사고능력과 인습을 훨씬 벗어난 과대망상적인 기이한 교설과 신자들의 광신적인 요소를 기묘히 이용하여 사람들을 현혹시켜, 자신을 추종자들에게 메시아(구원자)로 우상화하여 따르도록 선동하며 비정상적인 삶과 망상으로 이끕니다. 그러나 그들 역시 모든 인간적 약점과 한계와 죄를 지닌 것은 물론, 자신도 죽음을 피하지 못하고 사멸하고 말 피조물에 지나지 않습니다. 그렇기에 구원은커녕 죽음 이후에 지속될 영원한 삶과 완전한 행

복을 줄 능력이 있을 턱이 없을 뿐만 아니라, 그들은 각종 범죄에 연루되고, 자신들의 삶은 물론 사회에도 큰 물의를 일으키면서, 결국은 자신을 따르던 다른 사람들의 삶과 영혼을 철저히 파괴하는 것으로 그들의 행태가 끝나고 맙니다.

이런 창시자들과 신흥종교단체들의 일반적인 특징은 천편일률적으로 내세가 아니라 이 지상에 사는 동안만을 위해서 원화소복(遠禍召福) 즉 재앙과 불행을 멀리하고 복을 구하는 현세 지상천국을 약속하며, 구복적인 신앙만을 강조 하고 있다는 것입니다.

그런데 문제는 소위 이런 사이비종교들은 그리스도교 교리나 여타 기존의 종교들의 교리를 비빔밥처럼 혼합해서, 자신들의 입맛에 맞도록 교묘하게 짜깁기해 그럴듯하게 포장해 놨기 때문에 분별이 쉽지 않은 탓에 많은 이들이 자신도 모르는 사이에 어느새 빠져들게 된다는 것입니다.

이 세상에서의 삶이 인간존재의 삶의 전부라면, 현세에서의 위안과 행복을 약속하고 보장하는 종교는, 어느 것이라도 기호에 따라 가질 수 있을 것입니다. 그러나 참된 종교란 내세의 영원한 생명과 행복까지도 약속하고, 그러한 약속이 완전히 충만하게 이루어질 수 있어야만 합니다.

그러므로 종교를 선택할 때는 종교가 그냥 정신수양을 통한 마음의 위로와 평화를 얻고자 하는 차원인지, 아니면 영혼을 구하느냐 못 구하느냐 하는 절실한 영원한 행복의 문제인지 꼭 잘 식

별해야 합니다.

그래서 현세만을 생각하는 자연종교나 신흥종교가 아닌, 절대 행복 자체이신 하느님으로부터 계시를 받고, 하느님과 그분이 가르쳐 주신 진리를 믿고 준행하는 참된 종교를 따라야 하겠습니다.
그래서 정말 예수님으로부터 지금까지 그분이 제정하신 일곱 가지성사와 그 가르침을 간직하며 전해 내려오는 계시종교, 즉 정통(正統)교회가 어느 것인지를 지금이라도 잘 가려내어 용기 있게 과감히 취사선택해야 하겠습니다. 그동안 다녔기에 친구도 많고 익숙해 있으니까 라던지, 또는 알아주는 이가 많으니까 체면이 걸림돌이 되어 그런 것들 때문에 주저하다가, 정작 삶에서 가장 중요한 것을 놓쳐서는 안 되겠습니다.

그러면 계시란?

속에 가려져 있던 모든 것이 휘장을 활짝 열어젖힘으로써 그 모습이 환하게 드러나 알게 되듯, 인간으로서는 도저히 깨우쳐 알 수 없는 하느님께 대한 진리들도 휘장을 걷듯 그렇게 하느님께서 직접 혹은 자연과 양심을 통해 많은 예언자들에게, 당신에 관한 것을 알려 주신 것을 계시(啓示)라고 합니다.
그러한 참된 계시종교는 오직 그리스도교 뿐입니다. 현대에는 교회를 통해서 당신을 드러내고 계십니다. 이러한 계시로 인하여 우리 모든 인간은 비로소 하느님을 알게 되고, 그분을 믿고 공경하게 됩니다.

그렇다면 계시는 어떻게 이루어질까요?

하느님으로부터 영감을 받고 진리와 가르침을 받은 사람, 하느님의 부르심을 받고 그분을 대신하여 말씀을 사람들에게 전하는 대변자를 예언자라고 합니다.[28]

구약의 모든 예언자들을 끝으로, 맨 마지막에는 하느님께서 직접 당신 아드님을 이 세상에 보내주셨습니다. 그래서 모든 진리를 더욱 밝히 알 수 있도록 가르쳐 주셨는데, 이분이 바로 우리를 구원해 주실 그리스도이십니다. 예수님이야말로 그분 자신이 완전한 하느님이시며 또한 동시에 완전한 인간이십니다.

예수 그리스도 한 분만이 계시의 총화(總和:전체의 화합, 충만함, 완성자)이십니다. 그러므로 그분이 제정하신 교회의 가르침을 따르며, 진지하게 자신과 이웃을 위해 사랑을 실천하고 봉사하며 희생하는 신앙의 삶을 영위하는 것이 가장 가치 있는 일이 아니겠습니까?

---

[28] 성경에서 말하는 예언자는 미래에 대한 예언만을 한 것이 아니라 현재의 일을 과거와 연관시켜 얘기하는 등 과거, 현재, 미래를 다 예언의 소재로 했고 심판에 대한 예언과 구원에 대한 예언을 동시에 하기도 했으며 이방인에게나 자기 민족에게나 차별 없이 예언하였다.(한국가톨릭 대사전 852쪽)

20. 성경, 하느님의 말씀

 예수님 오시기 이전에 하느님께서 모든 예언자들을 통해 계시하신 말씀을 기록한 책인 구약과, 예수님의 행적과 말씀들을 기록한 신약(새로운 계약)을 합하여 성경[29]이라고 합니다.

 성경은 살아계신 하느님의 말씀으로 우리에게 영원한 생명과 행복을 안겨주는 참 생명의 말씀입니다.
 한마디로 성경은, 하느님께서 당신의 자녀들인 우리에게 하시는 사랑의 고백서이며 사랑의 편지입니다. 그래서 성경 말씀들을 읽으면 하느님께서 계시하신 진리의 말씀들을 점점 깨닫게 되고,

---

29) 구약성경은 46권 : 역사서 21권, 교훈서 7권, 예언서 18권
　　신약성경은 27권 : 복음서 4권, 바오로 서간 14권, 가톨릭서간 7권, 사도행전 1권, 묵시록 1권.

그분의 숨결 안에서 하느님과 사랑어린 대화를 나누면서 하느님의 뜨거운 사랑에 젖어 들어, 삶이 활기차고 기쁘게 됩니다.

또한 어려움이 있을 땐 그분께서 함께 하신다는 믿음으로 위로를 얻고 어려움을 헤쳐나갈 용기가 생기고 힘이 됩니다. 그것이 종교, 믿음을 갖는 목적입니다.

그래서 하느님께 대한 믿음과 사랑은, 자신의 영혼뿐 아니라 다른 이들의 즐거운 삶과 영혼 구원에도 힘쓰게 하며, 영원하고 완전한 내세의 행복으로 우리를 이끌어 줍니다. 그러나 이런 것과는 달리 종교라는 이름으로 현세에서의 복과 만족만을 추구하는 종교는, 언젠가는 사라지고 말 인간의 가르침에 불과할 뿐입니다.

그런데 가끔 이런 질문을 받습니다. "천주교회에도 성경이 있나요? 성경을 못 읽게 했다면서요?"라고 묻는 분들이 있습니다만 이건 사실을 너무 모르고 하시는 말씀입니다. 오히려 초세기에 성경들 가운데 가짜 성경(위경)들을 구별하여 오늘날과 같은 성경을 이룬 것이 천주교입니다.

생명의 말씀인 성경의 기록은, 여러 개신교 교파가 아직 생기기도 전인 1450년경, 독일의 구텐베르크가 금속활자를 발명해서 인쇄술에 혁명이 일어나 성경을 찍어내기 훨씬 그 이전으로 거슬러 올라갑니다.

수도원이 생긴 이래 1,000여년이 넘도록, 천주교 수도자들이 기도하는 가운데 파피루스에 각 권마다 기록되어 있던 성경구절을 일일이 손으로 베끼고 책으로 엮어, 사람들에게 널리 보급, 보존해오는 것이 그들의 주된 일과였습니다. 그리고 성경이 하느님의 계시의 기록이라고 결정한 것도 바로 천주교입니다.

명심해야 할 것은, 성경은 성령의 감도로 쓰인 책이므로 해석은 자기 임의로 해서는 안됩니다. 그 시대상황과 관습에 따라 표현된 것들을, 교회가 잘 구별하여 인정하는 정확하고 권위 있는 해석을 따라야 할 것입니다. 그렇지 않은 데서 각종 신흥 사이비 기독교가 생기는 것입니다. 그리고 또 하느님의 사랑의 고백서인 성경을 가까이하면 신심도 깊어지지만, 멀리하면 그만큼 신심도 식어감을 기억해야 할 것입니다.

21. 셋이 하나?

신비(神祕)란, 일이나 현상 따위가 이성적으로나 상식적으로 설명할 수도 없고 이해할 수도 없을 만큼 신기하고 묘한 것을 말합니다.

그런데 신앙의 신비는 말 그대로 유한한 인간의 지혜를 뛰어넘어 무한하신 절대자의 영역에 속하는 진리들, 그래서 인간의 상식이나 이성으로 알아들을 수는 없는 진리를 믿음으로 받아들이는 것을 말합니다.

과학과 철학, 이성에 익숙한 사람들에겐, 종교에서 말하는 신비를 믿는 데에 때론 걸림돌이 될 수도 있습니다. 그러나 진정으로 하느님의 존재를 인정하고 믿게 될 때, 신앙은 과학을 위배하는 것이 아니라 반대로, 과학이 그 한계를 통감하게 될 뿐만 아니라 오히려 신앙을 보완한다는 것을 알게 됩니다.

삼위일체의 교리가 바로 그중의 하나로서 이는 신앙으로 믿고 받아들여야 할 신비입니다.

삼위일체 교리는 말 그대로 "삼위가 하나"라는 도저히 알아들을 수 없는 교리입니다. 즉 하나의 실체 안에 세 위격으로서 존재하는 하느님의 신비를 말합니다.[30]

즉 하느님은 성부(아버지), 성자, 그리고 성령, 이렇게 세 위(位)가 계시지만 위격(位格)으로서는(성부=아버지, 성자=아드님, 성령=두 분에게서 발하시는 영) 서로 구별되면서도, 본체(本體=본질)로서는 온전히 동등한 하나의 하느님이라는 것입니다.

인간이라면 아버지가 먼저 존재하고 아버지에게서 아들이 태어나지만, 하느님은 영원으로부터 무시지시(無始之時:일정한 시기가 아닌 때)에, 삼위일체로서 동시에 존재하고 계시고 서로 높고 낮음이 없다는 것이 하느님께서 계시하신 내용입니다.

이 교리를 2세기의 학자 떼르뚤리아누스[31]는 태양의 불꽃, 빛이나 열로 설명했고, 아우구스티누스[32]는 사람에게 있는 지능, 감정, 의지에 비겨 설명하기도 했지만, 이는 여전히 인간의 지혜를

---

30) 한국가톨릭대사전 572페이지
31) 떼르뚤리아누스 Tertullianus AD 160~240년
32) 아우구스티누스 Augustinus AD 354~430년

뛰어넘어 도저히 이해할 수 없는 하느님 영역에 속한 문제이기 때문에, 오직 신앙으로만 받아들일 수 있는 신비(神祕)인 것입니다.

삼위일체에 관한 유명한 일화를 소개합니다.
아우구스티누스 성인이 이 삼위일체 신비를 이해하기 위해, 골똘히 생각하며 바닷가를 거닐다가 한 아이를 보게 되었습니다. 그 작은 아이는 모래사장에 조그만 구덩이를 파놓고 조개껍질로 열심히 바닷물을 퍼 날라 그 구멍에 붓고 있었습니다. 이를 궁금하게 여긴 성인은 그 어린아이에게 무엇을 하고 있느냐고 묻자, 그 아이는 바닷물을 다 퍼서 자기가 파낸 그 작은 구멍에 담을 것이라고 했습니다. 성인은 그것이 가능할 것 같냐고 물었더니 그 작은 아이는 이렇게 대답하는 것이었습니다.
"그럼 당신은 그 작은 머리로 삼위일체 하느님을 어떻게 알아들을 수 있을까요?-" 라고 하더니 홀연히 사라지더랍니다.

이처럼 만일 하느님을 인간의 지혜로 다 알아들을 수 있고 인간의 지혜로 하느님을 다 모두 파악할 수 있다면, 그런 하느님은 더 이상 모든 것을 초월하시는 전능하시고 무한히 영원하시며 완전하신 하느님이 아닌, 인간과 별 다름없는 존재이겠지요.
그러므로 유한한 인간이 무한절대자이신 하느님께 대한 것들을 다 알아들을 수 없다는 것은 지극히 당연한 일 입니다. 따라서 삼위일체와 같은 하느님 영역에 속한 이러한 신비들은, 더 더욱 믿음으로 받아들여야 할 문제이지 이치를 따져 이해할 수 있는 것이 아닙니다.

오직 한 분 하느님만 섬기는 종교(유대교와 이슬람교 같은 유일신교)도 있지만, "세 분이면서 하나이신 하느님"을 믿는 종교는 오직 그리스도교밖에 없습니다.

삼위일체에 대해 성경에서,
"우리와 비슷하게 우리 모습으로 사람을 만들자."[33]
"그리고 하늘에서 이렇게 말하는 소리가 들려왔다.
이는 내가 사랑하는 아들, 내 마음에 드는 아들이다."[34]
예수님께서 "아버지와 나는 하나다"[35]라고 하는 이런 부분에서 그 흔적을 찾아볼 수 있습니다.

---

33) 창세 1, 26
34) 마태 3, 17
35) 요한 10, 30

22. 예수, 인간의 모습으로 오신 하느님

하느님이 인간이 되어 오셨다는 이것 역시 신비입니다.

태초에 아담과 하와가 마귀의 유혹으로 금지된 지선악과를 따 먹음으로써, 하느님과 같아지려고 하는 교만과 불순명의 죄를 짓게 되어 모든 후손들을 오염시켰다고 아우구스티누스 성인은 말합니다. 이것이 인간의 원죄입니다.

이 원죄의 본질은 아담의 불순명으로 인한 거룩함과 의로움의 결핍이며, 그 결과는 욕망과 고통과 죽음입니다. 이것이 후손에게도 연대적 인격체로서 책임을 지게 된다는 것입니다.[36]

이렇게 하느님을 거스른 아담과 이브의 죄를 원죄라고 하며 이

---

36) 가톨릭교리서 890P. 원죄 참조

죄로 인해 인류는 하느님의 영광에 참여할 자격을 상실한 것입니다. 그럼에도 불구하고 무한히 자비하신 하느님께서는 인류를 불쌍히 여기시고, 인간의 죄를 대신 보속하고 구원해 주시기 위하여, 당신의 외아들 성자를 사람이 되게 하시어 이 세상에 보내주셨는데 이분이 바로 예수 그리스도이십니다.[37]

예수는 구세주란 뜻이고, 그리스도는 거룩한 기름으로 축성된 임금과 대사제(大司祭)라는 뜻입니다. 예수님은 우리와 똑같은 참인간이시며 동시에 하느님 아버지와 똑같으신 참 하느님이십니다.

이러한 예수님은 하느님의 제 삼위(일위는 성부, 이위는 성자)이신 성령의 능력에 의해 구약에서 이미 예언된 대로, 베들레헴에서 동정 성모(聖母) 마리아의 몸을 통해 태어나심으로써 예언이 그대로 이루어진 분이십니다.

그리고 교회는 이것을 강생(降生, 육화 Incarnation: 하느님께서 인간이 되어 세상에 오심)의 신비[38]라고 말합니다.

예전에 우리나라에서는 죄를 지었을 경우, 그 죄의 경중에 따라 감옥에 가서 옥살이를 해야 했습니다. 그러나 가벼운 죄들은 곤장이나 치도곤으로 죄의 경중에 따라 엉덩이나 종아리를 때렸습니다. 예를 들어 100대를 맞아야 할 경우 하루 20대씩 5일 동안 때렸다고 하는데, 돈 있는 양반들은 가난한 서민이나 종들에게

---

37) 요한 3, 16
38) 루카 1, 26-28, 2, 4-14

한 대에 얼마씩 돈을 주어 대신 매를 맞게 하였었답니다. 그때는 신분증이 없어 본인확인이 안되기도 했지만, 형리들도 이런 사실을 알고도 눈감아 주었다고 합니다.

매는 맞을 때만 아프기 때문에 돈만 받고 대신 가서 맞고 오면 그만이고 또 감옥살이도 대신 가서 살다 나오면 되었습니다. 그런데 문제는 매를 대신 맞는 것이나 감옥살이가 아니라 참수형(칼로 목 자르는 형벌)이나 교수형(목매달아 죽이는 형벌)입니다. 돈을 아무리 많이 준다하더라도 또 아무리 가난한 사람이라 할지라도, 대신 죽어줄 사람은 세상에 단 한 사람도 없기 때문입니다.

그런데 우리는 온 인류가 범한 원죄와 본죄 때문에 벌을 받아 마땅하지만, 예수님은 우리 죄를 대신 짊어지시고 십자가에 못 박혀 죽으심으로써 영원한 죽음에서 우리를 구원해주셨습니다. 그러니까 하느님의 아들이신 예수님께서 사람이 되시어 이 세상에 오신 목적은,[39] 온 인류에게 하느님 나라에 관한 복음, 즉 기쁜 소식을 전파하시기 위함이었습니다.

그 복되고 기쁜 소식이란 온 인류가 하느님 아버지께 지은 죄(원죄와 각자가 일생동안 지은 죄)와 그 죄에 대한 벌을 용서받게 해주심으로써, 우리 모두가 하느님 나라에 들어가게 되었다는 것입니다.[40] 예수님은 그 실현을 위해 살아가셨고 또 죽으셨습니다.

---

39) 요한 3, 16-17
40) 에페 1,7

방금 말씀드렸듯이 그 누구도 남을 위해 자기 생명을 버리는 사람은 없습니다. 그런데 하느님의 아들이신 예수님만이 우리 온 인류를 대신하여, 당신 자신을 속죄제물(贖罪 祭物)로 바치며 기꺼이 십자가상에서 죽으셨습니다. 그럼으로써 온 인류를 다시 하느님의 사랑받는 자녀, 하느님의 나라를 물려받는 상속자(相續者) 신분으로 되돌려 놓아주셨습니다.[41]

이토록 우리를 위한 하느님 아버지의 무한한 사랑에 대해 우리는 항상 감사하며 한없는 찬미와 영광을 바쳐드려야 마땅하겠습니다.

그런데 하느님의 자녀가 되는 데에는 혼자 믿으면 되는 것이 아니라 한 가지 아주 쉬운 조건이 있습니다. 그것은 '예수님을 믿고 성부와 성자와 성령의 이름으로 세례를 받는 것'입니다. 그리고 하느님의 자녀로 살면 됩니다.

---

41) 티토 3, 7, 요한 1, 12

23. 세상에 모습을 드러내신 예수

예수님께서는 30세에 이르시자 하느님 나라를 선포하는 공적인 삶을 시작하시기 전에, 먼저 광야로 나가 40일 동안 엄격한 단식과 기도로 앞으로 다가올 공생활을 준비하셨습니다.[42]

공적생활의 시작에 예수님께서는 12제자들을 뽑으셨고, 이들과 항상 함께 생활하시며 직접 가르치시어, 당신의 후계자로서 또 하느님 나라의 증거자로서의 교육을 철저히 시키셨습니다.

예수님은 언제나 하느님과 깊은 일치를 이루는 가운데 모든 이들에게, 아버지이신 하느님과 영원한 생명과 죽음, 선과 악, 죄와 벌, 천국과 지옥 등 그분의 나라에 대해 예언과 비유를 들어 가르

---

42) 루카 4, 1-2

쳐 주시면서 하느님 나라의 복된 소식을 전파하셨습니다. 또한 소경,[43] 귀머거리, 벙어리, 앉은뱅이, 중풍,[44] 나병,[45] 등 온갖 질병으로 고통을 겪고 있는 병자들을 고쳐주셨을 뿐 아니라 심지어는 죽은 사람들까지도 다시 살려 주셨습니다.[46]

이렇게 온갖 고통을 받는 병자들을 놀라운 기적으로 치유해주심으로써 삶의 희망을 주셨고, 가난하고 소외된 자들과 함께하시며 위로와 용기를 주셨습니다. 그뿐 아니라 당신의 말씀과 가르침이 진실됨을 증거하는 여러 가지 기적은 물론, 때때로 자연을 다스리고 초월하시는 기적까지도 행하셨습니다.

또 두 차례에 걸쳐 빵 7개로 4천명, 빵 다섯 개와 물고기 두 마리로 5천 명가량이나 되는 사람들을 배불리 먹게 하신 기적도 행하셨습니다.[47]

그 외 인간의 능력으로는 도저히 불가능하고, 인간의 이성으로는 결코 이해할 수 없는 큰 기적들을 수없이 행하심으로써, 당신께서 참으로 하느님의 아들로서 또 아버지 하느님의 자비와 용서, 사랑의 전달자, 구세주로서 모든 인간을 죄와 영원한 죽음에서 구원하시기 위해 오신 분이심을 드러내셨습니다.

---

43) 마태 9, 29-30
44) 마태 9, 6-7
45) 마태 8, 3
46) 요한 11, 44
47) 요한 6, 9-13

그런가 하면 로마제국의 식민 통치의 압제 하에서 기득권 세력의 부정과 사회부조리, 종교계 지도자들의 잘못된 신앙관(信仰觀)과 편법도 신랄하게 비판하고 고발하시기도 하셨습니다.

그러면서도 예수님은 우리의 영원한 행복, 진정한 평화와 기쁨, 올바른 정의는 이 세상의 것이 아니라 오로지 하느님의 나라에서 완성되는 것이라고 강력히 설파하셨습니다. 예수님은 바로 이 하느님의 나라에 우리 모두를 초대하시기 위해 오신 분이십니다.

24. 예수님의 몸과 피라, 글쎄요?

"나는 하늘에서 내려온 살아있는 빵이다. 누구든지 이 빵을 먹으면 영원히 살 것이다.

내가 줄 빵은 세상에 생명을 주는 나의 살이다."

이 말씀은 예수님께서 당신의 설교를 듣기 위해 모였던 군중 오천 명을, 빵 다섯 개와 물고기 두 마리로 모두 먹이고도 12광주리나 남는 기적을 행하신 후에 하신 말씀입니다.

그리고 이어서 계속해서 말씀하셨어요.

"너희가 나의 살을 먹지 않고 그 피를 마시지 않으면, 너희는 생명을 얻지 못한다. 그러나 내 살을 먹고 내 피를 마시는 사람은, 영원한 생명을 얻고 나도 마지막 날에 그를 다시 살릴 것이다."라고 말입니다.

이 말씀을 듣자 사람들이 "저 사람이 어떻게 자기 살을 우리에게 먹으라고 줄 수 있단 말인가?"라며 듣기 거북하다고 투덜거리면서 서로 언쟁하며 믿지 않고 떠나가는 사람들이 많이 있었습니다.

한 사람이라도 더 구하고자 하셨던 예수님께서는 무척 안타까우셨지만, 그렇다고 내말은 비유로 말한 것이라든지 단지 기념하라는 의미였다는 이런 해명이나 타협의 말씀은 일체 하지 않으시고 신앙 안에서 받아들이기를 끝까지 원하셨습니다.

급기야 당신이 잡히시던 날 밤, 이 세상에서는 마지막이 될 최후의 만찬에서 예수님께서는 끝까지 못내 사랑하시던 당신의 제자들에게 당신의 사랑을 기억할 것을 간절한 유언으로 남기셨어요.

" 너희는 모두 이 빵을 받아먹어라,
이는 너희를 위하여 바칠 내 몸이니라.
너희는 모두 받아 마셔라,
이 피는 너희를 위해 흘릴 내 피이니라."

성체성사는 이렇게 예수님께서 십자가에 죽으시기 전날 최후 만찬 때 직접 설정하신 것입니다.[48]

---

[48] 마태 26, 26-28

성체와 성혈 안에 예수님이 실체(實体)로 그리고 실제(實際=진짜)로 계시다는 이 교리는, 유한한 인간의 지식이나 이해력을 뛰어넘어 하느님께 속한 신비(神祕)입니다. 그렇기 때문에 인간의 지혜로 알아들을 수 없는 것은 지극히 당연한 사실이며, 단지 믿음으로만 받아드릴 수 있을 뿐입니다.

그러니 예수님 당시 현장에서도 그랬었지만, 21세기 과학문명 시대를 살아가는 지금도, 아직 믿음이 없는 분들에게는 이 신비가, 얼마나 더 상식에도 벗어나고 이치에도 맞지 않는 어리석은 말로 들리겠습니까? 그리고 그뿐 아니라 예수님이라는 존재를 믿는데, 솔직히 걸림돌이 되는 터무니없는 사실이라는 생각이 어찌 들지 않겠습니까?

그리고 또 '너희는 나를 기억하여 이를 행하여라.'라는 말씀은 단지 머리로만 기억하는 기념행사로 하라는 게 결코 아닙니다. 성체를 영하면서, 예수님께서 이웃을 위해 당신 자신을 내어놓으시는 온전한 사랑과 자비의 삶을 본받아, 우리도 그대로 실천하며 살아가겠다고 마음 다짐을 하는 것입니다.

그래서 사제가 영성체 때 '그리스도의 몸' 하시면, 이 말 속에는 '너만큼은 성체를 진정으로 내몸으로 믿으면서, 나의 가르침대로 오늘도 사랑을 실천하며 또 하나의 나로 살아주겠지!'라고 하시는 주님의 기대와 신뢰로 알고, 신자들은 믿음과 사랑을 실천하면서 이웃에게 또 하나의 예수가 되어드리겠다는 뜻과 결심으로 "아멘" 하고 응답합니다.

여기엔 이렇게 사람들이 어리석게 여기고 조롱하더라도, '나는 오늘도 주님의 사랑받는 제자로서 그 삶을 기쁘게 택하고 주님을 따르겠습니다.'라는 충성스런 순교자적 신앙고백이 들어있는 것입니다

바로 그런 까닭에 이 성체와 성혈에 대한 믿음이 더 고귀하고 더 근본적인 것이 되는 것이지요. 믿음이란, 자기가 이해가 되는 것만 그리고 받아들이고 싶은 것만 받아들이는 게 아니라, 예수님의 가르침이시기 때문에 받아들이는 것입니다. 그런데 같은 하느님을 믿는다고 하면서 이런 것을 취사선택하여 부정하는 이들은 없을까요? 예수님의 말씀에 떠난 당시 사람들과 어떻게 다를까요? 이는 실제는, 예수님을 믿지 않고 떠나는 것입니다.

가톨릭 역사 안에는 세계적으로 이 신비에 대한 믿음을 입증해 주는 수많은 일(기적)들이 기록되어 있습니다.

그 중 한 예로 800년 경 이탈리아 란체시오 성당의 미사 때 바실리오라는 젊은 수도회 사제가 미사를 드리면서 빵과 포도주를 축성할 때, 성체는 살이 되고 포도주는 피가 되어 제대보를 적시고 흘러넘쳐서 제대 위를 검붉게 물들였습니다.

또 1264년에 독일의 한 사제가 로마를 순례하던 중 보르세나 성 크리스티나 성당에서 미사를 드리게 되었습니다. 빵과 포도주를 축성하면서 정말 예수님의 몸과 피가 될까하는 의구심이 스쳐 지나갔습니다. 바로 그 순간 빵과 포도주는 피와 살이 되어 성체포를 적시는 기적이 일어났습니다.

그때 피 묻은 성체포는 지금도 여전히 변함없는 그 상태 그대로 벽에 설치된 유리관에 보관되어 있는 것을 저도 그 성당을 순례하여 직접 보고 큰 감동에 젖은 적이 있습니다.

현대에 들어서 의학적, 과학적, 물리학적, 생리학적인 모든 실험을 다 거친 결과, 그 살은 사람 심장의 살이고, 그 피는 온전히 건강한 사람의 피로서 그 살과 피는 동일한 사람의 것이며 정상적인 남자의 살과 피라는 사실이 증명되었습니다.

이런 사실도 물론 근본적으로 중요하지만 정말 우리가 이런 예수님의 말씀과 행적에서 알아들어야 할 것은, 그분의 헤아릴 수 없는 사랑입니다.

"하느님이 사람이 되신 것은 사람이 하느님이 되기 위한 것이다."라는 아타나시오(Athanasius) 성인 말씀대로, 당신 자신을 온전히 죽기까지 내어주어 우리와 함께 계시며 하나가 되고 싶어하시는, 지극히 친밀한 일치의 관계(Communion =영성체 : com(함께)+union(일치))를 바로 우리 각자에게 원하시는 것입니다. 우리는 바로 예수님과 일치를 이루어 형제가 됨은 물론, 그 안에서 다른 모든 이들과도 형제가 되고, 함께 하느님화(Deificatio)되는 이러한 신분에 초대된 것입니다.

전 세계 천주교회에서는 예수님께서 돌아가시기 직전, 최후 만찬 때 직접 제정해 주신대로 2000여 년 동안 성당에서 매일 거행되는 미사를 통해, 예수 그리스도의 몸과 피로 변하는 성체성사 예절을 거행하고 있고 신자들은 그를 굳건히 믿고 있습니다. 그리고 모든 성당마다 성체를 모셔둔 감실(龕室)에는 언제나 빨간 등을 켜두어 예수님의 현존(現存=살아 계심)을 표시합니다. 그래서 천주교회를 성당(聖堂:예수님이 계신 거룩한 집)이라고 부르고 있습니다.

25. 예수님께서 돌아가심

예수 그리스도께서 우리의 죄를 대신 속죄하기 위해, 하느님 아버지께로부터 이 세상에 파견되셨지만 결국 죽임을 당하신 그 당시의 상황과 이유를 살펴보겠습니다.

1. 그 당시 정치와 종교 지도자들은 하느님 율법의 참뜻을 따르지 않고 그저 위선적인 형식주의에 빠져 있었습니다. 그들은 점령군 로마에 저항한다고는 했지만 자신들의 안위가 보장되는 선에서 적당히 타협하면서, 오히려 가난하고 소외된 사람들에게 고통을 주었습니다. 그래서 예수님은 이들 지도자들을[49] 신랄히 비판하셨던 것입니다.

---

49) 마태 23, 3-33, 마르 7, 9

그렇기에 예수님의 말씀과 행동에서 드러난 진실은, 이런 그들이 애써 감추고 싶었던 근본적인 탐욕과 지배욕, 불의가 바로 그들의 양심을 찔렀고, 급기야는 예수님을 눈에 가시로 여겨 그분을 제거하기로 모의합니다.

2. 점령군으로 통치하고 있던 로마의 입장에서는, 수많은 백성들이 예수님을 따르고 있었으므로 혹시 통치에 저항세력이 되지 않을까 우려하였습니다.[50] 그리고 특히 그분의 제자 시몬이 로마에 저항하는 해방군의 하나였기에[51], 예수님도 그런 지도자가 아닐까하여 없애버려야겠다고 생각했습니다.

3. 이스라엘 백성은 하느님께 특별히 간택되어 자기들만이 구원받는다는 선민의식이 강했던 사람들이었습니다. 그랬기에 예수님을 거짓예언자로 여겼을 뿐 아니라, 유일신을 믿고 하느님을 형상화 할 수 없는 유대교인들에게 예수님께서는 "아버지와 나는 하나이다."[52]라고 하심으로써 하느님과 자신을 동등시하셨기에, 신성 모독죄로 죽이고자 했습니다.[53]

4. 그 당시 유대 종교 의식으로는, 병자나 불행한 이는 자신이

---

50) 마태 27, 11, 루카 23, 2-3
51) 루카 6, 15
52) 요한 10, 37, 5, 17-18, 14, 9
53) 마태 26, 63-66

나 조상이 하느님께 죄를 지어 그 벌로 내려진 것으로 여겨, 그들을 상대해서는 안 될 부정한 사람들로 여기고 죄인으로 취급했었습니다. 그러나 예수님은 사회적 약자, 즉 불우하고 소외되고 고통 받는 이들의 벗이 되어주고, 그들과 함께 그들 편에 서서 하느님의 사랑을 전해주고 삶의 희망을 주셨습니다.

또한 분열된 북이스라엘의 수도 사마리아지방은 아시리아에 멸망한 후(BC 721년) 이교인들이 대거 이주하여 함께 살면서 서로 섞이게 되어 혼혈이 된 이들과 어울려 살게 되었습니다.
이스라엘인들은 이런 사마리아인들을 부정한 이방인 취급을 하며 미워하고 적대시하면서, 하느님께서 그들은 제외하고 혈통이 순수한 이스라엘인인 자신들만 구원해 주신다는 선민의식이 가득 했습니다. 그런데다가 전통을 중요시했던 유대인들과는 달리, 예수님께서는 그 당시의 통념인 이런 것들을 인정하지 않고 사랑으로 이방인들을 받아들이셨습니다.

그뿐만 아니라 더 나아가 유대인들이 철저히 지키는 안식일 전통 등을 거슬러서까지 병을 고쳐주셨거나, 당시 돌로 쳐죽이던 간음한 죄녀에게 그 어떤 비난도 없이 따뜻하신 눈길로 바라보시면서 "나도 단죄하지 않는다."라는 말씀으로 죄를 사해주심으로써, 하느님의 자비를 권위 있게 실현하셨습니다.

그런데 바로 이러한 모습의 예수님이, 유대교에서는 제거해버려야 할 지극히 부정한 인간으로 보았던 것이지요.[54] 그래서 예수님을 큰 죄를 범한 범죄인처럼 체포하여 무참히 채찍으로 태형을 가하고, 결국엔 가장 큰 죄인에게 내리는 잔혹한 형벌인 십자가에 못 박아 처형하고 말았습니다.

이렇게 예수님의 죽음이 외적으로는 종교적, 사회적, 정치적 양상을 띠었지만, 실상은 온 인류가 벌 받고 고통을 당하게 되는 것을 측은히 여기시고 구원해 주시려는 하느님의 용서와 자비의[55] 엄청난 계획이었던 것입니다.

예수님의 죽음은, 물론 모든 이들을 위한 것이지만 그 인류 모두 안에 나 자신이 포함되어 있다는 사실은 더할 나위 없이 중요하고 감사드릴 일입니다. 그분은 그 누구도 아닌 바로 나를 위해 피땀을 흘리셨고 채찍질 당하셨으며 가장 치욕스런 형태의 죽음도 마다하지 않으셨습니다.

그러므로 우리는 예수님을 우리 삶에 받아들여, 그분만이 나의 영혼을 받아들이고 나를 구원해 주셨으며, 영원한 삶이 계속되는 하느님의 나라로 인도하실 유일한 존재임을 인정하고 구세주로 받아들이시기 바랍니다. 그리고 온갖 정성을 다하여 그분께 사랑

---

54) 루카 7, 34
55) 이사 44, 21-22, 49, 14-15

과 찬미와 감사와 영광을 드리도록 합시다.

　일상생활 안에서 우리가 양심의 소리를 외면하고 불의와 타협하거나 이웃은 아랑곳하지 않고 당장 자신의 이익만을 생각한다면, 바로 그것이 죄이며 예수님을 다시 십자가에 못 박는 행위가 됩니다. 그러나 그런 유혹을 멀리한다면 그것이 바로 예수님을 증거하는 믿음의 행위가 되는 것입니다. 그 순간 예수님이 지신 십자가의 무게는 가벼워질 것이고 그분은 기뻐하시며 우리를 사랑스럽게 여기실 것입니다.

26. 예수님의 부활(復活)

예수님께서는 살아 계실 때 이미 당신께서 죽으시고 또 삼일 만에 부활하실 것을 여러 차례 예언하셨습니다.[56] 그리고 말씀하신 대로 십자가에 못 박혀 돌아가신지 삼일 만에 다시 살아나셨습니다.[57] 그리고 부활하신 예수님은 제자들에게 여러 번 나타나셨습니다.[58]

이렇게 부활하심으로써 예수님이 참 하느님이신 동시에 구세주이심을 밝혀주시고, 우리도 이 세상 끝나는 날에 예수님처럼 부

---

56) 마르 8, 31
57) 요한 20, 25-26
58) 마르 16, 9, 루카 24, 35

활하리라는 것을[59] 보여주셨습니다.

그렇기에 이 부활 사건은, 온 세상 모든 그리스도인들도 그렇게 부활의 영광에 참여하게 된다는 희망이며 신앙생활의 핵심이 되고 있습니다. 이것이 예수님께서 죽으시고 부활하신 이유입니다.

만일 예수님의 부활이 실제로 이루어졌던 사실이 아니라면, 이 지구상에는 그리스도 교회라는 것도 없고, 따라서 수십억의 그리스도교 신자들도 존재할 이유가 전혀 없었을 것입니다.

사도 바오로께서도 이렇게 말씀하셨습니다. "그리스도께서 다시 살아나지 않으셨다면 우리가 전한 것도 헛된 것이요, 여러분의 믿음도 헛된 것일 수밖에 없을 것입니다."[60]라고.

그렇습니다. 주님께서는 다시 살아나셨습니다.
참으로 부활하셨습니다.

---

59) 요한 11, 25-26
60) 1코린 15, 14

27. 예수님께서 하늘에 오르심

성경 말씀에 의하면 부활하신 예수님께서는, 40일 동안 여러 차례 사랑하는 당신 제자들에게 나타나셔서 당신의 영광스러운 몸과 십자가의 상처를 보여주시고, 또 많은 기적을 행하심으로써 부활에 대한 확신을 더욱 굳게 심어주시고, 또 성령을 보내주실 것을 약속하셨습니다. 그리고 부활하신 40일 후에는, 모든 제자들과 여러 신도들이 지켜보는 가운데 영광스럽게 하늘에 올라가셨다고[61] 기록되어 있습니다.

영광스럽게 승천하시는 예수님의 모습을 바라보는 제자들과 모든 신도들은, 한편으로는 이루 말할 수 없이 서운했겠지만 그러

---
[61] 사도 1, 9-11

나 다른 한편으로는 얼마나 큰 영광과 기쁨으로 환호작약했겠습니까!

예수님의 부활과 승천은 바로 우리 앞날의 모습이기도 하기에 더할 나위 없는 희망입니다.

28. 성령(聖靈)께서 우리에게로

　예수님께서 승천하신지 열흘 후에, 당신께서 미리 약속하신 대로 성모님을 중심으로 제자들과 신도들이 다락방에 모여 약속의 실현을 기다리며 함께 기도하고 있을 때, 하느님의 제 삼위이신 성령께서 불혀 모양으로 각자의 머리 위에 내려오셨다고 하며, 이것을 성령강림(聖靈降臨)이라고 합니다.

　그때까지 제자들은 겁에 질려 집안에 꼭 틀어박혀 꼼짝도 못하고 있었습니다. 흔들면 열릴 정도밖에 되지 않을 허술한 빗장임에도 불구하고, 그 닫힌 빗장에 의지할 정도로 그들은 겁에 사로잡혀 있었습니다. 예수님의 죽으심이 그만큼 절망스러웠던 것이지요. 그러나 성령께서 그들을 사로잡으시자, 지금까지 잘 알아듣지 못하고 깨닫지 못했던 예수님의 가르침을 명확히 알아듣고 깨닫게 되었습니다.

그래서 사도들은 성령의 은총으로 기쁨이 충만하고 용기백배하여, 두려움을 떨치고 밖으로 뛰어나가 온 백성들에게 담대하게 이렇게 선포했습니다.

'예수님은 하느님으로부터 오신 분이시고, 여러분이 그분을 못 박아 죽였지만 하느님께서 그분을 되살려주셨다'는 부활의 기쁜 소식을 용감하게 전파하였습니다. 이렇게 사도들의 말을 듣고 믿고 받아들여 세례를 받은 이들만도 하루에 3천명이나 되었습니다.[62]

그리고 사도 베드로는, 모태에서부터 불구자였던 걸인을 예수님의 이름으로 고쳐주는 기적도 행하였습니다.[63] 그리고 또 예수님과 성령께서는, 이 세상 끝나는 날까지 항상 우리와 함께 계시면서 우리를 인도하시고 보호하시며 축복해 주시겠다고[64] 약속하셨습니다.

교회는 성령께서 불혀 모양으로 내려오신 날을 교회의 창립일로 기념합니다.

교회의 전통은 그리스도의 신비체 안에서의 성령의 위치를 '교

---

62) 사도 2, 41
63) 사도 3, 6
64) 마태 28, 20

회의 혼'이라고 말합니다. 왜냐하면 마치 우리 인간의 육체가 영혼의 다스림에 의해 살아있듯이, 교회도 성령의 역사하심에 의해 살아있기 때문입니다. 그뿐 아니라 성령께서는 모든 영성(靈性)생활의 근본 원리로도 작용하고 계시기 때문입니다.

그렇기 때문에 성령께서는 항상 교회 안에 살아계시면서 온 세상 모든 사람들의 구원과 성화를 위하여, 쉴 새 없이 당신의 진리의 빛을 비추어 주고 용기를 심어주고 계신 것입니다.

그러므로 우리가 하느님의 의롭고 사랑받는 자녀가 되기 위해선, 성령께서 항상 나와 함께 하시도록 "오소서 성령님이시여, 저를 비추어 주시고 인도하여 주십시오!" 하고 기도를 바친다면, 우리는 서서히 성령의 감도로 새로운 사람으로 변화되고 하느님을 더욱 잘 알게 될 것입니다.

29. 천주교회

이 세상 어느 곳이든 사람들이 살고 있는 곳에는 그 사람들을 대표하는 국가가 있고, 국가 안에는 행정부, 입법부, 사법부가 있습니다. 그리고 국민들의 권리와 안녕과 복지를 위한 수많은 기관들이 있습니다. 그와 마찬가지로 하느님 나라의 백성들이 모인 단체도 이름이 있는데 천주교회 또는 가톨릭교회라고 합니다.

'가톨릭'은 자신들의 천주교회의 정통성을 나타내며 본질을 지칭하는 가장 적절한 표현이라는 실제적 의미로 가톨릭, 즉 '보편적'이라는 명칭을 사용합니다. 가톨릭이란 보편적이라는 뜻으로, 그것이 전 인류를 위하고 모든 시대를 위한 것이라는 의미입니다.

가톨릭(천주교회)의 기원은 예수님이십니다. 예수님은 당신의 구원사업을 계승할 12사도들을 뽑으셨고, 그 12제자 중 으뜸인 베드로(큰 바위라는 뜻) 사도 위에 교회를 세우셨습니다.[65] 그리고 이 세상 끝나는 날까지 항상 우리와 함께 계시며, 그 후계자들인 교황과 주교들과 사제들에게, 당신이 하신 것처럼 모든 형제들에게 봉사하도록 위임하셨습니다.

베드로의 으뜸 수위권인 후계자들이 역대 교황들이며 사도들의 후계자는 주교와 신부들입니다

교황님을 비롯하여 주교님들과 신부님들이 교도(敎導)와 성사를 집행(聖事執行)함으로써, 하느님의 백성인 교회의 모든 자녀들의 구원사업을 돌보고 있습니다.

교도란 가르치고 인도하는 것이고, 성사란 눈에 보이는 예절을 뜻하는데, 이 예절을 통하여 눈에 보이지 않는 은총을 베푸는 것을 의미합니다.

예수님께서 베드로 사도를 후계자로 세워 이어져 내려온 천주교회는, 예수님의 말씀과 행적을 기록한 성경과 성전(거룩한 전승)으로 신앙을 이어오고 전해주고 있습니다.

그래서 성직자들이 일곱 가지 성사[66]를 거행할 때나 복음을 전

---

65) 마태 16, 18
66) 일곱 가지 성사란 세례성사, 견진성사, 성체성사, 고백성사, 혼인성사 병자성사, 신품성사를 말한다.

할 때, 실제로 교회 안에서 살아 계시며 다스리시며 예절을 집전하시는 분은 예수 그리스도 자신이시라는 것을 믿습니다.

그리스도교에 대해 잠깐 짧은 설명을 하자면, 가톨릭교회는(천주교회) 예수님께서 친히 세우신 교회로서, 예수님 탄생 후 지금까지 이어져 내려온 종교입니다. 그런데 16세기에 아우구스티노 수도회 수도자였던 마틴 루터가, 가톨릭교회에 대한 95개조의 반박문을 게시하여 교회 당국으로부터 파문(쫓겨남) 처벌을 받자, 결국 가톨릭 교회를 떠나 개신교(프로테스탄트, 항의하는 자라는 뜻)를 세우게 되었습니다.

이것을 계기로 자신들만의 성경해석과 신앙을 고백하며 새로운 교파를 세우는 개신교는, 세계 기독교 백과에 따르면 "2001년 기준으로 238개 국가에 33,000개 이상의 개신교 교단이 있으며, 매년 270~300개의 국가별로 개신교회의 성장이나 지역별, 부족별, 또는 신학적 분리로 인해서 교단의 구분과 교파 구분이 나타나고 있다."고 합니다.

우리나라에서도 현재 계속 기독교를 표방하는 새로운교회가 우후죽순처럼 생겨나고 있습니다. 이들 중 적지 않은 교파는 사이비종교가 되어 사회에도 큰 물의를 일으키고 있습니다. 그들은 일곱 가지 성사 중 세례성사 하나만 놔두고 다 없애버렸습니다.

언젠가 통일교의 전도사들이 신부인 저를 찾아왔습니다. 그리

곧 저에게 아주 진지하게 전교하기 시작했습니다.

말인즉, 하나의 교회로 통일되어야하고 그것이 주님의 뜻이라고 주장하면서 저를 통일교로 나오라는 것이었습니다. 그때 나눈 대화를 소개해 드립니다.

나는 혼잣말처럼 이렇게 중얼거리며 말문을 열었습니다.

주 신부: 예수님께서 뭐라고 그러시면서 교회를 세우셨더라?

통일교 전도사들: '너는 베드로이다. 내가 이 반석 위에 교회를 세울 터인즉, 저승의 세력도 그것을 이기지 못할 것이다.'[67] 그러셨습니다.

주 신부: 교회? 교회가 아니라 혹 교회들이 아니던가요?

전도사들: 아~ 아닙니다. 신부님, 분명 '교회'라고 단수(單數)로 쓰셨지 교회들이라고 복수(複數)로는 말씀하지 않으셨습니다.

주 신부: 아, 그래요? 그런데 지금 보면 그리스도교 이름이 수없이 많이 있으니 이를 어쩌면 좋아… 옳거니 그래서 통일교에서는 하나로 통일하자는 거군요, 맞지요?

전도사들: 예, 맞습니다. 신부님이시라 역시 빠르시군요.

주 신부: 그러면 문제는 간단하네요. 전도사님들이 이렇게 수고스럽게 왔다 갔다 할 필요 없이, 예수님께서 교회를 창립하실 당시부터 지금까지 2천여 년 동안 전통을 지키며 전해 내려오는 바로 그 교회(=천주교)로 찾아 들어오시면, 그게 더 쉽고 제일 빠르고

---

[67] 마태 16, 18

오히려 이것이 더 정도라는 생각이드네요. 왜냐하면 통일교로 간다면 예수님께서 직접 세우신 교회와 사람이 세운 통일교, 이렇게 또 둘이 될 테니 말이지요… 어때요? 한번 깊이 생각들 해보세요!

전도사들: … ???

주 신부: 이 세상 어느 나라든 왕이나 대통령 등 최고 통치자는 절대로 둘이 있을 수 없고 오직 하나뿐인 것처럼, 그리스도 왕국도 여럿이 될 수가 없는 것은 당연한 이치입니다.

예수님의 첫 번째 제자인 베드로가 초대 교황이며 그 후계자들은 오늘날까지 계승되어, 현재의 후계자가 바로 266대인 프란치스코 교황입니다.

이렇게 예수님으로부터 부여받아 사도로부터 지금까지 이어져 내려온 정통 가톨릭교회에서, 하느님의 자녀가 되어 다 함께 같은 신앙을 고백하며 하느님 나라의 건설에 힘써야 하지 않을까요?

30. 가장 거룩한 제사이며 잔치인 미사

미사(Missa)란 예수님께서 제물이 되시어 바치신 십자가상의 제사를 재현하는 것으로서, 산 이와 죽은 이를 위해 하느님께 드리는 가톨릭교회의 거룩한 제사를 말합니다.

하느님의 아들로 이 세상에 오신 예수 그리스도께서는, 온 인류의 죄를 대신하여 십자가에서 참혹히 돌아가심으로써 하느님 아버지께 당신 자신을 제물로 바치셨습니다.

이 희생을 매번 새로이 기억하며 기념하는 이 제사는, 죽음에서 영원한 삶으로 건너가는 파스카 신비의 재현이며, 예수 그리스도의 말씀을 따라 그리스도의 몸과 피를 우리 인간들에게 주신 최후 만찬의 기념제입니다. 그래서 미사는 우리 인간들과 함께 그리스도 자신을 완전한 제물로서 신비롭게 하느님께 바치는 유일한 제

사며 성찬(성스러운 잔치)입니다.[68]

미사는 크게 말씀(성찰, 자비를 구함, 하느님 말씀과 강론을 들음)의 전례와 성찬의 전례(典禮)(예수님의 거룩한 몸과 피가 이루어지는 부분)로 이루어졌습니다. 이 제사는 비록 사제인 주교나 신부들이 집전하지만, 실제로는 예수님께서 직접 사제의 손을 통해서 바치는 것입니다.

모든 제사에는 반드시 제물이 있기 마련인데 미사 때는 빵을 사용하고 있습니다. 미사 도중 그 빵이 변해서 예수님의 몸이 되고 우리는 그 예수님의 몸을 받아 모심(먹음)으로써 예수님과 한 몸을 이루게 됩니다. 이러한 성찬 예식은 교회에서 임의로 만든 예식이 아닙니다. 예수님께서 수난하시기 전날 최후의 만찬 때 이 예식을 제정하셨고[69] 이 세상 끝나는 날까지 그대로 거행하라고 명령하셨습니다. 미사라는 용어에는, 또 거기에 참석했던 모든 이들이 구원의 기쁜 소식을 온 세상에 전하기 위해 파견된다는 의미도 담겨있습니다.

또 제사와 잔치의 의미를 지닌 미사에 그 의미를 모르고 참례한다면 아이들은 물론 어른들 조차 졸리고 지루할 것입니다. 사제와 신자들의 응답과 여러 동작들의 형식은 모두 하느님께 향하는, 하느님께 마음을 모아 찬미와 흠숭을 드리는 깊은 의미들이 있는 것입니다.

그래서 그날의 성경을 미리 읽고 묵상한 후에 참석하면 많은 도움이 될 것입니다.

---

68) 한국 가톨릭 대사전 '미사' 인용 418P
69) 루카 22, 14-20

31. 은총의 원천인 성사(聖事)

　병든 엄마가 아직 철부지인 어린 자녀를 남겨두고 머지않아 세상을 떠나게 될 것을 알고 있다면, 그 엄마는 아직 철부지인 어린 자녀들이 엄마 없이 세상을 살아가야 할 생각을 하면서 얼마나 가슴이 무너져 내리겠습니까!
　이때 엄마는 자신의 건강은 생각지도 않고 온 힘을 다해 아이들이 엄마 없이도 별 불편함이 없도록 이것저것 생각이 미치는 대로 다 준비해 놓고 눈을 감을 것입니다.

　예수님도 바로 그러셨습니다.
　여러 차례에 걸쳐 제자들에게 당신이 어떻게 수난을 겪다 죽음을 맞이하게 될지를 미리 알려주셨습니다. 그리고 당신의 가르침대로 하느님의 나라를 선포하고 이를 실현하기 위해 이 세상을 어떻게 살아야 하는지를 기회가 될 때마다 간곡히 제자들에게 이르고 또 일러주셨습니다.

제자들이 세상에 있는 동안 영위하게 될 삶의 여정에 주님께서 함께하시면서 축복을 베풀어 주시고, 영적으로 더 강건하게 성장하고 성화 될 수 있도록, 보이지 않는 은총을 보이는 표지로(인간의 감각이 도달할 수 없는 감추어진 하느님의 은총이 감각적인 형태를 통해 전달되도록) 표현한 것이 바로 성사입니다.

우리는 살아가면서 중요한 순간마다 이 성사로써 하느님을 만나고 하느님의 생명에 참여하게 되고, 또 이를 잘 받을 수 있도록 도움의 은총도 받게 됩니다.

성사는 일곱 가지가 있는데, 간략히 소개합니다.

1. 성세(聖洗)성사는, 물로 씻는 예식으로 원죄를 씻어 없애주어 주님의 상속(相續)을 받을 수 있는 사랑받는 자녀로 새롭게 태어나도록 해줍니다.[70]

2. 견진(堅振)성사는, 성령과 그 일곱 가지 은혜를 받음으로써 갓 태어난 어린이가 아닌 어른이나 군인처럼 그렇게 신앙을 굳

---

70) 요한 3, 5, 갈라 4, 7

건하게 해주고 증대시키어, 교회와 세상에 더욱 봉사하며 우리의 증거생활을 통하여 더욱더 성숙한 신앙인으로 다시 성장토록 해주는 성사입니다.[71]

3. 성체(聖體)성사는, 사제들이 미사 거행 중에 그리스도의 말씀으로 빵과 포도주를 축성하여 예수그리스도의 몸과 피로 성변화(聖變化)시켜 그것을 받아 모심으로써, 그리스도와의 일치를 가져오게 하는 성사입니다.[72]

4. 고해(告解)성사는, 살아가면서 지은 죄를 사제에게 고백하여 용서를 받음으로써, 병든 영혼의 건강을 회복하고 하느님과 화해하게 해주는 성사입니다.[73]

비록 사회법에는 저촉이 안 될지라도 하느님의 뜻을 거스를 수 있는 사랑의 결핍이나, 이웃에 대한 애덕 실천을 소홀히 한 것 등, 악에 이끌려 십계명을 범한 우리의 죄나 부족함을 예수님의 대리자인 사제에게 고백하여, 하느님께 용서를 받으며 하느님과의 사랑의 관계를 회복하여 교회와 화해하게 해주는 성사입니다. 물론 진실로 뉘우치고 앞으로 잘하겠다는 결심이 전제되어야 하지요. 그리고 사제는 이 고해의 내용을 죽을 때까지 죽음을 불사

---

71) 사도 8, 16
72) 요한 6장, 마태 26, 26-28
73) 마태 18, 18

하고라도 '절대 비밀을 지킬 의무'를 지닌 이들입니다.

우리는 하느님과 연결되어 있어서 우리가 죄를 지을 때마다 그 끈이 끊어지는데, 우리가 뉘우치고 하느님께 용서를 받을 때마다 그 끈이 다시 묶이면, 전보다 더 짧아져서 하느님께 더 가까이 다가간다고 어느 영성가는 말했습니다.

5. 혼인(婚姻)성사는, 합법적인 남녀 그리스도교인이 함께 주고받는 자유로운 혼인동의를 통하여, 남편과 아내로서 유일하고 영원한 관계를 성화하고, 그리스도와 교회 사이의 일치를 상징하는 영원한 표지로 승격시키는 성사로서 그리스도가 설정한 성사입니다.[74]

6. 신품(神品)성사는, 하느님의 백성을 위해 교회의 여러 가지 직무를 수행하려는 이들을 축성(祝聖)하여, 그리스도의 대리자로서 성사를 집행할 수 있는 신권과 권위를 교회로부터 받는 성사입니다.[75] 한마디로 주교, 신부, 부제(副祭)로 서품되는 성사를 말합니다.[76]

7. 병자성사는, 병석에 오래 누워있는 환자들이나 죽을 위험이 있는 사람들에게, 그리스도의 위로와 희망을 베풀어 병고로

---

74) 한국가톨릭 대사전
75) 마태 19, 11-12
76) 한국가톨릭 대사전

허약해진 환자의 마음과 신앙을 굳세게 하고, 때로는 잃어버린 건강을 다시 회복할 수 있도록 하느님께 은혜를 청하는 성사입니다.[77]

예컨대, 한 번도 가 본 일이 없고 말도 통하지 않는 그런 나라에 혼자 여행을 간다고 하면 불안하겠지만, 마침 그곳에 사는 이가 함께 동행해준다고 하면 안심이 되듯, 인생의 마지막 길일지도 모른다는 불안하고 두려운 상황에서, 예수님께서 함께 해주시며 용기와 위로와 평화를 주는 성사가 바로 병자성사입니다. 그리고 때로는 이 성사의 은총으로 병이 치유되는 경우도 많습니다.

---

77) 야고 5, 14-15

32. 십자성호

　십자가는 최악의 흉악범에게 내려지는 가장 고통스러운 사형도구였는데 예수님께서 죽음의 권세를 이기고 부활하심으로써 십자가는 승리와 인간구원의 표지입니다. 가톨릭신자들은 무슨 일이든지, 어떤 모임이나 기도를 하든지 시작할 때와 마칠 때 십자성호를 긋습니다.

　이 성호는 왼손을 가슴에 얹은 채 오른손으로 먼저 이마에 대고 '성부와' 하고 말합니다. 그다음 오른손을 아래로 내리며 '성자와' 하며 말하고, 그다음 왼쪽 어깨에서 오른쪽 어깨로 손을 옮기면서 '성령의 이름으로' 한 다음 두 손을 마주하며 '아멘'이라고 말합니다. 이 동작의 형태가 십자가의 모습이어서 십자성호라고 합니다.

단순한 이 행위를 통해, 성부와 성자와 성령이신 삼위일체 하느님께 대한 장엄한 신앙고백을 하는 것이고, 내가 하는 모든 일에 축복을 내려주시기를 청하는 것이며, 그 모든 것들이 하느님께 바쳐지고 하느님께 속한다는 의미이며 믿음을 공공연히 고백하는 신앙고백이기도 합니다.

초대교회 때 박해 시절에는 서로 신자임을 비밀히 확인하기 위해 하느님의 아들 예수 그리스도라는 글자의 첫 글자만 따서 이뤄진 글자가 물고기를 뜻해서, 다른 이들이 모르게 손가락으로 비밀스럽게 물고기 표시를 하여 서로 신자임을 확인 했다고 합니다. 근세에 들어 그리스도교가 크게 확장되면서 동시에 박해도 더 집요하게 일어나게 되었을 때, 그리스도 신자를 색출해 내기 위한 방법으로 십자가를 밟고 지나가는지 아닌지로 시험했을 정도로, 십자가는 그리스도 신자들에겐 신성시되고 있습니다.

지금도 이슬람교 국가나 힌두교 신자들에게 박해받는 곳에서는, 신자들이 생명을 위협받기 때문에 십자성호도 마음대로 할 수 없는 상황입니다.

이 십자성호를 정성 들여 할 때는 자신이 저지른 작은 잘못에 대해 용서받을 수 있을 만큼(50일의 은사) 큰 축복이 있는 행위입니다. 그리고 십자가나 성호는 악의 실체인 마귀를 쫓아내는 강력한 무기이기도 합니다.

33. 성직자와 수도자는 누구인가?

이들은 우리를 위해 돌아가셨다 부활하신 그분을 위해 살아가는 [78]이들로서, 한마디로 하느님께서 인간에게 하시는 사랑의 고백과 부르심을 알아듣고 전적으로 응답한 이들입니다. 그들은 하느님과 사랑에 빠져 그분의 정배로서, 하느님의 뜻을 이루며 인류를 위한 그분의 구원사업에 동참하기 위해 자진하여 일생을 봉헌한 사람들입니다.

성직자
위의 일곱 가지 성사 중 신품성사에서 축성된 이들을 말합니

---

78) 2코린 5, 15

다. 사도들의 사명을 이어받은 이들은, 사도들의 후계자들인 가톨릭교회의 주교님으로부터 안수와 축성(거룩하게 성별하는 것)을 받고, 교회 즉 하느님의 백성을 위해 성사(그리스도를 통해서 베푸시는 하느님의 은총)적 봉사를 하도록 부르심을 받은 주교, 신부, 부제들을 말합니다. 이들은 교회가 정한 일정기간 동안 가톨릭 신학대학교에서 철학과 신학교육, 영성수련 및 사목생활에 필요한 제반 교육과정을 거쳐 신품성사를 받아야만 합니다.

수도자

"누구든지 내 뒤를 따르려면 자신을 버리고 제 십자가를 지고 나를 따라야 한다."라는 말씀에 따라, 하느님 안에서 절대적 가치를 추구하고 완전한 덕을 쌓기 위해 현세적 가치를 포기하고 함께 모여 공동으로 수도(修道)생활을 하는 사람들을 말합니다. 수도자들은 다음의 세 가지 덕을(복음 삼덕) 하느님 앞에서 공적으로 서약합니다.

첫째, 일체의 개인재산을 포기하고 가난을 실천하는 청빈(淸貧)의 덕을,

둘째, 독신을 지키면서 오로지 하느님만을 섬기겠다는 서약으로 몸과 마음을 지키는 정결(貞潔)의 덕을,

셋째, 하느님의 대리자인 장상에게 순명하는 것, 이렇게 세 가

지 덕을 평생 지킬 것을 하느님께 약속(맹세)합니다.

이들은 그리스도의 가르침에 따라 세속의 모든 것을 멀리하고 이 세 가지 복음 삼덕을 쌓아가면서, 회개와 자기수련과 많은 영혼들의 구원을 위한 기도와 헌신적인 삶을 통해, 끊임없이 노력하며 살아가는 이들입니다.

이렇게 예수 그리스도의 수난에 동참하여, 자신은 물론 세상의 죄인들을 위해 대신 보속하는 이들의 삶이 하느님께 대한 사랑의 증거가 아니라면, 이들의 삶은 아무 의미가 없는 그저 극기 훈련에 불과할 것입니다.

성직자나 수도자들은 보통 세상의 모든 사람들이 당연히 누리는 가정생활을 전적으로 포기하고 독신으로 일생을 사는 것은 물론, 세상에서 누릴 수 있는 즐거움이나 편리한 많은 것들에서 조차 제한을 두기도 하며 포기합니다.

그런 까닭에 인간적으로 보면 고독하고 불편하고 고통스럽게까지 생각됩니다. 그러나 바로 그들의 이러한 자발적인 포기와 헌신적인 희생과 예수님의 제자로서 자신을 내어주는 봉사의 삶은, 하느님께 큰 영광을 드리며 온 인류에게는 우리 모두가 사랑으로 하느님 안에서 한 형제라는 크나큰 형제애를 간증합니다. 그뿐 아니라 유한한 현세의 삶이 끝이며 전부가 아니라, 이들의 궁극적인 목표는 현세의 삶을 건너 새 하늘, 새 땅이라는 영원의 세계에서 누리게 될 삶을 미리 앞당겨 사는 것이기도 합니다.

그래서 이들의 삶이, 하느님 나라를 우리에게 주셨음을 믿고 확신하며 살아가도록 하는데 신자들에게 큰 힘이 되기도 합니다.

사실 역사적으로 보면 성직자, 수도자들의 역할이 문화의 보존, 전달자 역할을 단단히 했음을 볼 수 있습니다. 그들은 교육, 의학(병원), 생물학, 물리학…등 많은 분야에 헌신하여 각 시대마다 문화와 문명의 창달에 크게 기여했습니다.

그 외에 성직자 수도자 신분은 아니지만 더욱 오롯이 자신을 하느님께 봉헌하고 싶은 평신도 중에는 결혼했거나 독신이거나 자신이 선택한 어느 한 수도회의 3회원이 되어 세상 한가운데서 수도회의 영성을 실천하며 사는 제도도 있습니다.

이들도 수도자들처럼 정해진 교육을 거쳐 3대 서원을 하면서 자신의 신분에 맞게 수도회의 정신으로 살아가겠다는 서약을 합니다.

수도원 체험기

언젠가 세상으로부터 격리되어 엄격한 생활을 하는 봉쇄수도원[79]의 생활이 '침묵'이라는 이름으로 소개, 방영 되어 많은 울림

---

79) 봉쇄수도원은 세상 안에 있되 세상으로부터 격리된 일정한 공간 안에서 일생 동안 세상 밖으로의 출입을 일체 하지 않는 수도자들이 기도와 노동만으로 살아가는 수도원을 말함.

을 준 적이 있었습니다. 한때 수도 생활에 뜻을 품었던 어느 신부님께서 그런 수도원에서 며칠간 하신 수도원 체험을 소개해드립니다.

하느님께 가까이 가기 위해 그렇게까지 어렵게 본성을 거슬러 자신을 갈고 닦는 이들을 보면서, 그들을 거울삼아 우리도 자신을 돌아보며 영적으로 성장하는 계기가 되었으면 합니다.

저는 유럽에 있는 수도원에서 아주 열심하고 모범적인 신앙생활을 하고 있는 수도자들의 삶을 제 눈으로 직접 보며 체험해 보고 싶었습니다. 즉 보다 높은 차원의 영성을 배우고 살아보는 것이 저의 소원이었습니다. 그런 체험을 해보기 위해선 아주 엄격한 수도원에 가서 그 수도원의 수사님들의 생활을 나도 직접 함께 해보는 것인데… 그것은 거의 불가능한 일이었습니다. 왜냐하면 수도자가 아니면 절대로 허락을 하지 않았기 때문입니다. 그래서 저는 우리 신학교 학장님의 특별 추천서를 받아서 아주 힘들게 겨우 수도원 측의 허락을 받을 수 있었습니다.

저를 맞아들인 수도원장님은 "몇 시간을 머물러 있기를 원합니까?" 하고 물으시기에 저는 "아니 그게 무슨 말씀입니까! 저는 오래 있고 싶은데요…!"라고 했더니 그분은 웃으시며 "그러면 특별히 하루만 머물도록 하겠다."는 것이었습니다. 그래서 저는 다시 "한 달만 있게 해주십시오!" 하고 두 손을 모아 간청했더니 "정 그렇다면 3일만 함께 생활하도록 허락하겠습니다." 하는 것이었습니다. 아쉬웠지만 그래도 3일 동안은 머물 수 있으니 다행으로 생각하였습니다.

저녁이 되어 슬슬 배가 고파 오기 시작했습니다. 얼마 후 한 수사님이 큰 쟁반에 저녁 식사를 들고 왔는데 아주 큰 접시에 상추 몇 장, 얇은 빵 두 개와 아주 조그만 치즈 한 개가 담긴 접시 한 개가 전부였습니다. 그런데 그 수사님은 나가면서 "이 치즈 한 개는 당신이 우리를 방문한 손님이기 때문에 당신께만 특별히 주는 것입니다"라는 것이었습니다.

그것을 게 눈 감추듯 순식간에 다 먹어 치웠는데 한 시간도 안 되어 배가 고파오기 시작했습니다. 그래서 계속 물을 마셨지만 배고픔은 가시지 않아 할 수 없이 "일찍 잠이나 자자!" 하며 잠자리에 들었는데 아마도 긴장을 한 탓인지 눕자마자 그대로 깊은 잠에 곯아떨어지고 말았습니다.

꿈나라에서 "드르렁… 드르렁…" 코를 골며 정신없이 자고 있는데 누가 저의 몸을 흔들어 깨웠습니다. 잠결에 짜증을 내면서 "왜 나를 깨우는 거예요!" 했더니 "기도 시간이에요!" 하기에 어느새 아침이 되었나 하고 시계를 보았더니 겨우 새벽 2시 반이었어요! 그런데 그때부터 아침 7시 식사 시간까지 기도와 미사를 계속 바치는 것이었습니다!!

아침부터 저녁 식사 때까지 15분마다 종소리가 울리면 힘든 노동을 하다가도 잠깐 기도를 하는 것이었습니다. 잠시도 쉬지 않고 기도, 노동, 기도… 끝도 없이 이어지는 것 같았습니다. 형무소에 있는 죄수도 이렇게 괴롭지는 않을성싶었습니다. 너무 힘들었습니다. 그곳의 하루가 마치 일 년처럼 시간이 멈춘 듯 지루해서 도저히 견딜 수가 없어 틈틈이 시계를 바라보며 어서 빨리 약속한 3일이 왔으면… 하는 마음뿐이었습니다.

드디어 학수고대하던 3일이 되어 아침 식사를 마친 후 떠날 준비를 하고 원장신부님 방으로 작별 인사를 하러 들어갔습니다. 원장님께서는 "그동안 잘 지냈어요?" 하고 물으셔서 "아주 참 너무나 좋았습니다."라고 대답하였더니 원장님께서는 "당신이 좋았다고 하니… 당신에게만 특별히 한 달을 더 있도록 해주겠어요." 하는 것이었습니다.

저는 그 말씀을 듣자마자 속으로 "3일 있었던 것도 퍽 힘들었는데…"라고 중얼거리며 "고마운 말씀이지만 사실은 제가 다른 약속들이 있어서 오늘 떠나야만 되겠습니다!"라고 얼른 대답했더니 그 원장님은 "다른 방문객들도 모두 당신과 똑같은 대답을 하지요.!" 하며 빙그레 웃으셨습니다. 그 수도원은 '트라피스트'라고 하는 수도원이었습니다.

이번에는 다른 수도원 이야기를 하나 더 소개합니다.
'가말돌리회'라고 하는 수도원인데, 이번에도 총장님의 특별 부탁으로 허락을 받아 아예 처음부터 3일만 있겠다고 하였습니다. 이 수도회는 다른 수도원보다 더 엄격하게 단식을 하며 기도와 여러 가지 고행을 많이 하는 수도원이었습니다. 방에는 아예 창문도 없어 겨울에는 눈보라가 방안에 휘몰아쳐 들어왔고 땅바닥에 볏짚을 깔고 그 위에서 자는 것이었습니다.

온종일 노동을 한 다음 샤워를 하려고 왼쪽 수도꼭지를 틀었더니 계속 찬물이 나와서 그다음에는 오른쪽을 돌렸는데도 계속 찬물이 나와 결국 샤워를 못 하고 그냥 나왔습니다.

그래서 왜 찬물만 나오는지 물어봤더니 수도원 안에는 아무리 추운 겨울이라도 찬물만 사용한다고 해서 깜짝 놀랐습니다. 한마디로 '인간 지옥'이라고 표현할 정도의 수도 생활을… 전혀 밖에도 나가지 않은 채 일평생 그렇게 주 예수님만을 위해서 사는 것이었습니다.

물론 우리 천주교의 신앙생활의 궁극 목표가 '모든 신앙인이 전부 이렇게 자원하여 극도의 고통을 극복하는 생활을 하는 것'이 아닙니다.
교회는 모든 이들이 하느님의 사랑을 깨닫고 하느님의 축복과 보호 아래 공동선을 위해 서로 사랑을 실천하면서 함께 행복하게 살기를 권합니다.

다만 이 세상 모든 곳에서 수많은 수도자들이 세상 안에 살고 있지만, 세상에서 물러나 자발적으로 수도원 안에서 영위하는 그런 엄격한 수도생활을 통해 예수님의 말씀과 현존을 증거하고 선포하는 사명감을 실천하려 노력하며 살고 있다는 것을 소개해 드리고 싶었습니다.

뿐만 아니라 이런 수도자들의 엄격한 생활을 보고 묵상함으로써, 신앙생활을 하고 있는 모든 이들이 다소 느슨해졌던 자신들의 신앙심에 자극을 받게 되어, 마침내는 그들도 완덕에 나아가려고 노력하게 되는 계기가 될 것이라 생각합니다.

이것이야말로 눈에는 보이지 않는 기적이 아닐까 합니다.

수도자들의 그런 삶을 이해할 수 없는 사람들의 눈에는, 그들의 삶이 현세적으로 생산성이나 효율성이 없어 아무런 의미가 없는 것처럼 보일 수도 있습니다.

그러나 온 인류의 탄원과 눈물과 고통을 자신들의 삶을 통해 하느님께 아뢰는 수도자들의 존재는, 참으로 교회에 없어서는 안 될 귀한 존재들입니다.

34. 예수의 어머니 마리아

거룩하신 어머니(성모, 聖母)라고 불리는 마리아는 예수님을 낳으신 어머니입니다.

천주교 신자들은 때때로 사랑하고 공경하는 마음으로, 성모 마리아께 우리를 대신해 하느님께 자비와 도우심을 빌어달라고 기도합니다. 그런데 이러한 것을 보고 어떤 이들은 천주교를 마리아교라고 쉽게 단정을 내립니다. 그러나 이는 천주교 교리를 전혀 모르기 때문에 하는 말입니다.

우리 천주교회에서는, 예수님께는 전능하신 하느님으로 최고의 예인, 흠숭(欽崇)의 예를 바치고, 성모님께는 신으로서의 믿음의 대상이 아니라 예수님의 어머니로서 그분께 합당한 존경을 드리는데 이를 상경(上敬)의 예라고 합니다. 그 외에 또 수많은 성인 성녀들을 공경하고 있는데 이분들에게 바치는 예를 공경(恭敬)의 예라고 합니다. 이렇게 하느님께, 그리고 인간에게 드리는 예는 엄연히 구별됩니다. 성모님을 공경하는데는 다음과 같은 이유가 있습니다.

성모님은 하느님의 어머니로서 우리와 다르게 하느님께 특별한 은총을 가득히 받으신 분입니다. (1월 1일 축일)
또 성령의 감도(感導)로 예수님을 잉태하셨고(3월 25일 축일) 예수님을 낳으신 후에도 성모님은 평생 동정(童貞)이셨다는 것을[80] 믿습니다.
그리고 하늘에 불러올림을 받으신 분으로서 성모승천축일(8월 15일)도 기념하고 있습니다.
모든 인류는 아담의 불순명으로 인해 원죄를 지닌 채 세상에 태어나는데, 오로지 성모님만은 예외로 원죄의 물듦이 없이 태어나셨습니다.(12월 8일 축일)

세상에서도 아들이 한 나라의 왕이 되었다면 그 어머니도 당연히 공경을 받고 귀한 신분이 되지 않겠습니까? 하물며 무한히 거룩하시고 깨끗하신 하느님께서 당신의 아들을 품으시고 낳으실 마리아에게 얼마나 큰 특권을 부여하셨겠습니까? 성모님께도 미

---

80) 루카 1,26-28

리 그런 특별한 은총을(Gratia Plena) 충만히 내리셨던 것입니다.[81]

이렇게 가톨릭 신자들은 전능하신 하느님께서 성모마리아를 통해 행하신 위와 같은 신비를 믿습니다.

그리고 또 우리를 형제라고 부르신 예수님은 십자가에 못 박혀 돌아가시기 직전, 십자가 밑에서 어머니 마리아 곁에 서 있던 사랑하는 제자 요한에게 당신 어머니를 맡기심으로써, 성모 마리아는 우리 모두의 어머니가 되셨습니다.[82]
그래서 성모님은 예수님의 어머님이신 동시에 온 인류의 어머님이십니다.

그리고 하느님께서 이미 여러 차례 성모 마리아의 역할에 대해 말씀하셨지만 모든 인류 위에 뛰어나신 모범으로 일생을, 즉 예수님을 잉태하실 때부터 십자가에서 죽으시는 순간까지 오로지 항상 그분과 함께 하시며, 인류의 구원사업에 능동적으로 적극 참여하셨던 분이 바로 성모 마리아이시기도 합니다. 이것을 성경 저자들은 성경에 기록하고 있습니다.[83]

우리도 어려울 땐 가끔 누군가에게 "저희 가정을 위해서(또는 이

---

81) 루카 1,28
82) 요한 19,26-27
83) 창세 3, 15 이사 7, 14 미카 5, 2 묵시 12, 1

러 저러한 일을 위해) 기도 좀 해주세요."라고 자연스럽게 부탁하지 않습니까? 이와 마찬가지로 성모님은 예수님이 바로 당신의 아들이시기에 우리를 위해 그렇게 빌어달라고 청하는 것이지요.

물론 성모마리아는 그렇게 특별한 존재시지만 한편 이런 분이시기도 합니다.

엄마의 품에서 자란 아이와 엄마 사이는, 그 누구도 파고들 수 없는 사랑으로 이어져 있어, 아기의 울음과 웃음, 모든 저지레를 사랑으로 다 받아주고 보듬어 주듯, 성모 마리아께서도 우리네 엄마같이 다정하고 편하게 다가 갈수 있는 그런 분이십니다. 그래서 우리의 모든 근심 걱정, 고통을 솔직히 다 털어놓으며 그런 애틋한 사랑과 존경을 아낌없이 드리는 것입니다.

게다가 성모님은 언제나 항상 우리를 위하여 당신의 아들이신 예수님께 기도하고 빌어주시는데, 예수님께서도 어머니께서 청하시는 것은 기꺼이 들어 주십니다. 그 대표적인 예로, 예수님께서 아직 공적으로 당신이 구세주이심을 드러내시며 구원사업을 시작하시기도 전이셨지만, 성모님의 요청이시기에 기꺼이 기적을 행하셨습니다.

즉 '카나'라고 하는 마을에서 혼인잔치가 있었습니다. 그곳에 예수님과 성모님, 그리고 제자들이 초대되어 함께 축하에 참석하고 있었습니다. 그런데 잔치가 한창 무르익어 갈 무렵, 그만 술이 다 떨어져서 주인이 아주 난감하게 되었습니다. 이런 난처한 상황을 보신 성모님께서는 이 딱한 사정을 예수님께 말씀드렸고, 예수님께서는 성모님 말씀에 순종하시어 여러 항아리에 물을 채우게 하신 후, 그 물을 포도주로 변화시켜 주셨습니다.

그 기적으로 잔치는 아주 흥겹게 잘 치룰 수 있게 되었고, 그 주인도 잔치 도중에 술이 떨어지는 난감함에서 벗어나게 된 것은 물론, 손님들로부터 잔치를 마칠 때까지 끝까지 아주 맛좋은 포도주로 대접받았다는 찬사를 받았습니다.[84]

이처럼 우리는 온갖 어려움을 겪을 때마다, 우리의 어머니이신 성모 마리아께 당신의 아들이신 예수님께 우리의 사정을 말씀드려달라고 호소합니다. 그러면 성모님은 예수님께 은혜를 얻을 수 있도록 우리의 기도를 전해주시고 우리는 예수님께 기도의 응답을 받습니다.

언제나 우리에게 모성적 도움을 아끼지 않으시는 성모 마리아께서는, 세기를 거쳐 세계 도처에서 여러 차례 나타나셔서 예수님을 믿고 회개할 것을 어머니의 마음으로 우리에게 간절히 호소하셨습니다. 이렇게 성모마리아께서 발현하신 것을 교회는 엄격한 조사를 거쳐 공식적으로 인정할 때 비로소 신자들이 그곳에서 신심행위를 정당하게 할 수 있게 됩니다.

---

84) 요한 2,1-11

이런 성지중의 하나인 프랑스의 루르드라는 작은 시골에, 1858년 2월 11일 부터 7월 16일까지 성모 마리아께서는 모두 18번이나 14세 된 베르나데타라는 소녀에게 나타나셨습니다. 그 후 매년 600여만 명의 순례객들이, 하느님께 드릴 청원을 대신 빌어줄 것을 성모님께 청하기 위해 루르드를 순례하고 있습니다. 그리고 수많은 사람들이 그곳에서 나오는 샘물을 마시거나 침수하면서 불치병이 완치되는 은혜를 받았습니다.

불치병의 환자들이 이곳에 와서 성모님께 기도하거나 침수에 의해 의학적으로는 도저히 설명할 수 없는 완치가 일어났을 때, 여러 명의 의사들에 의해 오랜 시간 매우 엄격한 의학적 검사를 거친 후에야 비로소 기적으로 결론이 납니다. 치유는 신체적인 병의 치유뿐만 아니라 내적인 회심의 치유도 있는데 이런 치유는 여전히 지금도 상당수 일어나고 있습니다.

루르드 못지않게 잘 알려진 또 하나의 성모성지는 포르투갈의 파티마라고 하는 곳입니다. 1917년 5월 13일부터 10월 13일까지 매월 13일에 6차례에 걸쳐 성모님께서 루치아, 히야친따, 프란치스코라는 어린아이들에게 나타나셨습니다.

마지막 날인 10월 13일에는 아주 엄청난 기적이 일어났는데, 태양이 지상에 수직으로 떨어지고 회전하며 갖가지 빛을 발하는 태양의 기적을 그 자리에 있던 7만여 명이 목격했습니다. 그래서 그곳 파티마 성지도 매일 수많은 순례객들이 성모 마리아께 자신들의 소원을 하느님께 전구해 달라는 청을 드리기 위해 세계 각국에서 모여들고 있습니다.

프랑스의 파리 중심가에 위치한 뤼드박이란 곳에 한 수녀원이 있는데 이곳에서 살고 있던 카타리나 라브레 수련수녀에게도 성모님께서 나타나셨습니다. 성모님은 이 수련수녀에게 당신의 모습과 기도문이 새겨진 메달을 주시면서, 이 메달을 착용하는 이에게 성모님의 보호가 함께 한다는 사실을 많은 사람들에게 알리라고 하셨습니다.

이 메달을 착용하는 이에게 정말 많은 기적들이 일어났기에 '기적의 패'라는 이름으로 불립니다. 이 기적패에 얽힌 많은 기적중 하나를 소개합니다.

이스라엘에 한 전형적인 유대인 가족이 있었습니다. 그들은 정통 유대인방식에 따라 가정교육을 받은 이스라엘리트였지요. 큰 아들이 장성하자 유럽으로 유학을 가서 가톨릭으로 개종하여 신부가 되었습니다. 이를 안 가족들과 남동생은 크나큰 실망과 분노에 빠지게 된 나머지 이 남동생은 더욱 충실한 유대교 신자로 남을 것을 결심합니다. 이윽고 이 동생도 성장하여 스트라스부르크로 이주하여 은행원이 되었고 결혼을 앞두게 되었습니다. 거기서 형과 형의 친구들인 가톨릭 신부님들을 자연스레 만나 교류하게 되었습니다. 그러던 어느 날 완고하게 유대교도를 고집하는 이 동생에게 형의 친구가 한 가지 내기를 제안 합니다. 바로 이 기적의 메달을 착용하면서 "생각하소서 성모여" 기도문을 매일 하루에 한 번씩 일년 동안 기도해도 개종하지 않으면 네가 이기는 것이라는 내기였습니다.

동생인 알퐁소 라티스본은 하루에 한 번씩 하다가 성이 차지 않자 하루에도 생각날 때 마다 수십 번씩 이 기도문을 외면서, 이렇게 해도 개종을 절대 하지 않는다는 결심을 계속 했습니다.

어느 날, 우연히 한 성당 앞에서 그 형의 친구 신부님을 만났고, 볼일을 보고 나오겠다며 성당으로 들어간 형의 친구를 기다리다가 심심하기에 성당에 들어갔습니다. 그 성당에 들어가 정면을 바라보는데, 갑자기 성당의 모든 벽들이 사라지면서 너무도 아름다운 초원이 눈앞에 펼쳐지며 아름다운 부인이 자신을 향해 걸어오는 것이 보였습니다. 가까이 다가온 부인을 보자 너무도 소스라치게 놀라고 맙니다. 그 부인은 바로 매일 개종을 하지 않으려고 버티며 기도해 오던 메달에 새겨져 있던 성모 마리아였습니다. 일을 마치고 온 형의 친구는 눈물로 범벅이 된 라티스본을 보자, 그에게 엄청난 일이 방금 일어났다는 것을 알게 되었습니다. 라티스본은 그 일을 계기로 세례를 받았고 예수회에 들어가 예수회원이 되었으나, 합법적인 절차를 거쳐 예수회를 떠나 이스라엘에서는 처음으로 형과 함께 Notre Dame de Sion이라는 수녀회를 설립합니다.

이 수녀회는 '가톨릭과 유대인의 일치'를 위해 일하는 것을 사도직으로 하는 국제 수녀회로 발전하게 되었습니다. 라티스본 형제는 성모님이 예수님을 잉태한 후에 방문한 사촌언니 엘리사벳의 집이 바라보이는, 아인 카렘이라는 아주 조용하고 아늑한 작은 시골에 있는 이 수녀원 본원의 정원 한곳에 묻혀, 그를 기리는 이들의 방문을 받곤 합니다.

그 외 멕시코의 과달루페(1531년)와 벨기에의 바뇌… 등 여러 곳에 성모님께서 나타나신 성지들이 있습니다. 이와 같이 엄청나고 수없이 많은 감동적인 기적들이 오늘날에도 계속 일어남으로써, 온 세상 천주교 신자들의 신앙심에 더욱 큰 기폭제와 활력소가 되고 있습니다.

이렇게 인간의 지식으로는 이해할 수 없는 방식으로 자신을 드러내시는 성모 마리아는, 우리에게 회개하여 죄를 뉘우치고 예수님을 믿으며 서로 평화를 이루고 화합하여 살라는 호소를 하기 위해 오시는 것입니다.

그동안 유명한 화가들은 그림으로, 조각가들은 성모님의 모습을 불후의 명작으로 남겼고, 많은 훌륭한 음악가들은 아름다운 선율로 성모님의 모성적 사랑과 보호를 기억하면서 감사와 찬미의 마음을 표현하였는데, 이러한 작품들은 신자이건 아니건 간에 민족과 시대와 종교를 뛰어넘어 크나큰 사랑을 받고 있습니다.

35. 성인, 성녀들(聖人, 聖女)

성인 성녀들은, 우리와 달리 약점과 결점을 완전히 극복한 초인간적인 사람들이 아닙니다. 그들도 우리와 똑같이 결점과 단점을 지녔음에도 불구하고 자신들의 불완전한 본성을 극복하려고 부단히 노력하면서 하느님을 열렬히 사랑하며, 그러한 사랑으로 이웃을 용서해주고, 참아주고, 도와주는 자기 희생과 헌신을 한 이들입니다. 이들은 그러한 사랑으로 이웃을 사랑하고 예수님의 말씀을 실천하고 예수님을 닮기 위해 그분을 드러내는 거룩하고 귀감이 되는 생활을 함으로써 모든 사람의 모범이 된 이들입니다.

그래서 교회는 그들이 죽은 후에 그들의 삶을 면밀히 심사하여 장엄하게 성인으로 선포합니다.

교회가 어떤 이의 성성(聖性 거룩한 품성)을 공인하는 것은, 그분들의 생존 시의 덕행이나 순교가 바로 다른 신자들에게 그리스도교 신앙의 증언이요 본보기였다는 것을 의미합니다. 또한 그분들이 천국에서 영광스러운 자리에 올라 하느님 가까이 있으면서, 우리가 그 성인에게 전구(轉求: 본인 대신 하느님께 빌어달라는 것)를 청하면 이를 하느님께 아뢰며 우리를 돕는 존재가 된다는 것입니다.

성인 성녀들은 몇 분이나 계실까요?

교회에 공식적으로 기록되어 장엄하게 선포된 성인들도 많지만, 이외에 드러나지 않은 무수히 많은 익명의 숨은 거룩한 영혼들도 있음을 기억해야 합니다.

이렇게 그들의 삶을 본받으려는 모든 가톨릭 신자들은 세례를 받을 때에 마리아, 베드로… 등 성인들 중 한분을 선택하여 자신의 세례명으로 삼는 것은, 크리스천(즉 그리스도를 입은 사람[85], 그리스도를 간직한 사람[86])으로서 증거의 새 생활을 시작하면서 그 성인의 도우심은 물론, 그 덕행을 내 삶의 모델로 하겠다는 뜻이 담겨져 있습니다.

그뿐 아니라 전 세계의 많은 나라에서는 도시 이름을 아예 성인들의 이름을 붙여서 사용하는 경우도 많습니다. 예를 들어 미국의 샌프란시스코, 산호세, 세인트루이스… 등 많은 도시 이름이

---

85) 갈라 3, 27
86) 갈라 2, 20

성인들의 이름으로 불리고 있습니다.

　모든 성인 성녀들은 처음부터 거룩한 생활을 한 영혼들도 있지만, 고백록의 저자 아우구스티누스 성인처럼 한때 세속에 푹 빠져 무분별하고 방탕하기까지 한 생활을 하다가, 성령의 이끄심으로 어느 순간 잘못을 크게 깨닫고 회개를 한 성인들도 있습니다.
　그들은 하느님께로 온전히 다시 돌아선 그때부터 그동안의 생활을 청산하고, 온전히 예수님과 그 가르침을 따르며 살다가 세상을 떠났습니다. 그리고 교회는 그들의 사후에 엄격한 심사를 거쳐 그분들의 거룩했던 삶을 본받고 공식적으로 존경을 드릴수 있도록 성인으로 선포한 것입니다. 이 얼마나 하느님께서 영혼들 안에서 하시는 일이 오묘하고도 감탄스럽습니까!

　그러니 한때 하느님의 존재를 몰랐다거나 잘못 살았다해도 그 잘못에서 벗어나, 죄를 뉘우치고 회개하여 하느님의 용서와 자비를 믿으면서 지금부터 하느님의 존재를 받아들이며 올바르게 살아간다면, 그 누구라도 성인이 될 수 있습니다.

　루이 라벨은 성인들의 존재에 대해 이렇게 말했습니다.
　"그들은 아무 말도 하지 않아도 막대기로 개미집을 들쑤셔 놓는 것처럼 우리의 삶을 뒤흔들어 놓는다고요." 그들의 생애는, 하느님을 믿는 이든 아니든 모두 한결같이 우리로 하여금 더욱 하님과 이웃을 위해 생명력 넘치는 사랑으로 헌신하게 합니다.

이렇게 거룩한 영혼들 중, 특히 같은 시대를 살았던 잘 알려진 성녀로는 콜카타의 마더 데레사 수녀님이 그 좋은 예입니다. 이 수녀님은 인도의 콜카타의 빈민 지역에서 연고자가 없는 거리에 버려진 병자들을 데려와 간호하면서, 인간의 품위를 지닌 채 임종할 수 있도록 그들 생의 마지막을 정성을 다해 돌본 성녀입니다.

그러므로 지금이라는 시간이 우리에게 주어졌다는 것은 저절로 혹은 내가 건강을 지키고 노력해서 얻은 것이 아니라, 하느님께서 내가 성인이 될 수 있도록 기회를 주시고 기다려주시는 것이며, 그렇게 우리를 기다리고 계신 그분께 돌아설 수 있는 기회가 주어졌다는 것을 의미합니다. 그러니 현재라는 시간을 어떻게 사용해야 될지 깊이 생각해봐야 하지 않을까요?

우리나라에도 전 세계에서 공경을 받고 있는 많은 성인들이 계십니다. 가톨릭이 우리나라에 전파된 이래 여러 차례에 걸친 박해 시대 때, 하느님께 대한 신앙을 지키기 위해 자신의 생명을 바친 순교성인들이 103분이나 계십니다.

그리고 2014년에 한국을 방문하신 프란치스코 교황님에 의해 124위가 복자품에(성인되시기 전 단계) 오르셨습니다.

지금 한국가톨릭 교회는 이 땅에 천주교회를 들여오고, 뿌리를 내리는데 혼신을 다 바친 134위의 초대교회 순교자들과, 6·25 당시 신앙 때문에 순교하신 81위, 38위 등 모두 253위께서 복자품에 오를 수 있도록 그리고 124위께서 성인이 되시도록 기도로 준비하고 있습니다.

36. 모든 성인의 통공(通功)이란?

하느님은 우리의 기도나 선행에 대해서 그 공로(功勞)에 따른 상을 주시려 기쁘게 채무자가 되시기를 원하신다는 어느 성인의 말씀처럼, 공로를 통해 천국의 영원한 행복을 누리게 됩니다. 그래서 자신들의 영적인 성장이나 혹은 이 세상에서 하느님의 나라를 이룩하는데 필요한 여러 가지 은혜(功)를 받을 수 있기에, 신앙인들은 은행에 적금하듯 많은 공로를 쌓으려 합니다.

그런데 우리 몸의 각 지체가 머리를 중심으로 결합 되어있으면서 필요한 것들을 서로 도와주는 것처럼, 이 세상과 연옥과 천국에 있는 모든 이들은 그리스도를 중심으로 신비하게 결합 되어있어 기도나 선행, 공로 등을 주고받으며 영혼 구원을 위해 서로 도와줄 수 있습니다. 이를 모든 성인의 통공(通功)이라고 합니다.

이미 하느님 앞에서 완전한 행복을 누리고 있는 천국에 있는 영혼들은 현세와 연옥 영혼들을 위해, 하느님께 더욱 강력하고 효과 있게 기도할 수 있습니다. 그렇기에 그분들에게 연옥영혼을 위해서나 또는 아직도 이 세상에 살고 있는 우리에게 필요한 은총의 전달(傳達)을 간절히 구(懇求)하는 것이 좋습니다.

그리고 현세에 살고 있는 우리는 연옥 영혼을 위해 기도나 선행을 하거나 위령 미사 등을 봉헌하고 공덕을 쌓음으로써, 그 영혼들이 자신들의 죄 때문에 겪는 고통을 덜어줄 수 있게 됩니다. 그래서 연옥 영혼들은 우리의 기도를 무척 필요로 하기에 우리는 이들을 잊지 않고 기도해야 합니다.

그들은 고통을 견딜 뿐 스스로는 공덕을 쌓을 수 없기 때문에, 고통이 힘들수록 또 천국에 대한 열망이 클수록 우리의 기도나 선업 덕분에 고통을 벗어나 천국에 빨리 가게 되었다면 얼마나 고마워하겠습니까!

그러니 천국에 가서는 우리를 위해 얼마나 또 열심히 기도해주겠습니까! 세상에서는 간혹 은혜를 배신으로 갚는 경우도 있습니다만, 연옥에 있는 영혼들은 절대 그런 일이 없습니다.

그렇기 때문에 돌아가신 부모님이나 가족들을 위해 효도와 사랑을 다하지 못해 늘 죄송스러운 마음이 있었다면, 지금부터라도 하루빨리 천국으로 들어가실 수 있도록 기도해드립시다. 이것이야말로 진짜 효도이며, 살아생전에 더 잘해드리지 못한 것에 대해 후회하고 아쉬워하며 가슴 아파하는 우리에게도 커다란 위로가 되며, 조금이라도 은혜를 기워 갚는 것이 될 것입니다.

  이런 모든 것을 인정하고 믿을 때 추석이나 명절에 조상들의 묘를 찾아가 그 앞에 절하고 그분들을 위한 기도가 비로소 의미가 있고 결실을 맺게 될 것입니다. 그렇지 않다면 그저 우리 자신의 공허함을 메꾸는 겉치레, 형식에 불과하겠지요.

37. 한국 천주교회의 간략한 역사

전 세계 천주교의 선교역사 중에서 전례를 찾아볼 수 없을 만큼, 가장 빛나고 자랑스러운 역사를 지닌 교회가 바로 우리 한국 천주교회입니다. 왜냐하면 세상의 모든 교회는 하나도 예외 없이 다른 나라 선교사들의 힘겨운 선교활동에 의해 전파되어 그리스도교가 정착되었지만, 오직 우리나라만 외국 선교사들의 도움이 전혀 없이, 스스로 자발적으로 목숨을 바쳐서까지 하느님을 찾아 나서서 천주교를 받아들였기 때문입니다.

교회를 이끌어 갈 지도자들인 성직자 하나 없이, 처음에는 평신도들만으로 우리나라의 천주교회는 들불처럼 번지면서 피어나기 시작했습니다. 그러나 얼마 가지 않아 박해시대라는 잔혹한 철퇴를 맞게 되었습니다.

박해를 통해 수많은 신자들이 오로지 신앙 때문에 모진 고문과 형벌로 피를 흘리며 목숨을 불사하면서까지, 하느님께 대한 자신들의 믿음을 당당히 증거했습니다. 이러한 우리나라 천주교 역사에 대해 자긍심을 갖고, 이렇게 튼튼한 기초위에 교회를 세워주신 하느님의 섭리에 대해 감사드리지 않을 수 없습니다.

한국 천주교회는 5번의 큰 종교박해를 겪었습니다.
신해박해(1791년 정조 15년), 신유박해(1801년 순조 1년), 기해박해(1839년 헌종 5년), 병오박해(1846년 헌종 15년), 병인박해(1866년 고종 3년) 등, 이렇게 여러 차례의 시련을 겪으면서 하느님을 증거한 순교자들의 피 위에 우리나라에 천주교 교회가 세워졌습니다.

가장 큰 박해였던 병인박해 때 순교자는 8,000명 이상이나 되었습니다. 이 5번의 박해사건으로 오로지 신앙 때문에 감옥에 갇힌 이들, 온 가족이 풍비박산이 되어 서로 뿔뿔이 흩어져 먼 곳으로 유배된 이들, 그리고 무명 순교자들까지 수많은 이들의 희생 덕분에 우리는 지금과 같은 신앙의 자유를 크게 누릴 수 있게 된 것입니다.

이제 다시 돌아가 당시 상황을 살펴보면 18세기 말경, 우리 조선 사회는 온갖 당쟁과 파벌 싸움으로 아주 혼란스러웠습니다. 그러한 정치 파동으로 인해, 모처럼 권세를 잡았던 세력도 얼마 못 가 반대파에 의하여 역적으로 몰리어 참혹한 화난(사화)을 당하게 되는 일이 계속되던 때였습니다. 사실 이 당파싸움에 애꿎은 천주교가 희생된 것입니다.

그런 상황에서 당시 장래가 촉망되던 양반집 자제 학자들이, 1년에 3~4번 중국에 사절단으로 파견되었던 외교사절들을 통하여 들어오게 된 '천주실의', '칠극' 등의 천주교 서적을 우연히 읽게 되었습니다. 당시 주자학파의 독선적 행위와 당파싸움에 불만을 품고 있던 쟁쟁한 신진학자들이었던 실학파와 남인계 학자들은, 이런 서적들을 열심히 읽고 토론하며 강학회라는 연구모임을 진지하게 갖게 되었습니다.

그 대표적인 인물들은 이벽, 정약종, 정약전, 정약용, 권일신, 권철신, 이승훈… 등, 그 당시의 대학자들이었습니다. 이들이 모두 학문에 출중했던 인물이었으니만치 처음에는 단순히 학문적 관심으로 접근하여 천주학이라는 서학에 관심을 갖고 연구하게 되었습니다.

그러나 이 총명하고 명석하며 선구자적인 이 학자들은 얼마가지 않아 학문 이상의 심오한 의미를 깨닫게 되면서, 이 진리에 대한 열망이 얼마 가지 않아 급기야는 신앙적 실천 운동으로까지 발전하게 되었습니다.

그때 동지사 사절단 일원으로 중국 북경에 가게 된 이승훈에게 이벽은 천주교를 좀 더 자세하게 알아보도록 부탁했습니다. 드디어 이승훈은 1784년 2월에 북경 천주교회 그라몽신부로부터 우리나라 사람으로는 처음으로, 조선 교회의 기초 반석이 되라는 의미에서 베드로라는 이름으로 세례를 받고 첫 번째 천주교 신자가 되었습니다.

그는 성경 등 많은 교리서와 성물을 가지고 귀국하였고 하느님의 진리를 목말라 하던 이들은, 가뭄에 단비를 만난 듯 이 책들을 주경야독하며 몰두하여 연구하면서, 토론에 토론을 거듭한 끝에 마침내는 세례를 받은 것을 계기로 이들의 목숨을 불사한 노력으로 천주교 신자가 되는 이들이 점차 늘어나게 되었습니다.

이렇게 천주교의 씨앗이 뿌려져 막 움트고 있을 무렵, 전 세계의 그리스도교 역사상 듣지도 보지도 못한 일이 조선의 한 깊은 산속에서 벌어지고 있었습니다.

기상천외한 전대미문의 이 일화에서 우리는 우리나라의 초대 교인들이 얼마나 큰 열성으로 하느님을 찾았고, 삶으로 열심히 실천하려고 노력하면서 살았는지 역사는 감동적으로 우리에게 전해 주고 있습니다.

외국인 선교사들의 지도와 도움이 없이 천주교회를 받아들였던 이들은, 교계제도를 전혀 모르는 상태에서 책에서 본대로 자기들 스스로 의논하여 주교, 사제의 역할을 정하고, 세례를 베풀고 여러 다른 성사를 베풀었습니다. 그러다가 나중에 북경 천주교회에서 이 사실을 알게 되어 깜짝 놀라 교회법에 어긋난 이 행위를 금할 때까지 그렇게 하였던 것입니다.

그 당시 사회는 엄격한 신분제도에 의해 양반과 서민이 정확히 구별되어 있던 시대였습니다. 그리고 천민계급이 있어 이들과는 상종도 하지 않는 세상이었습니다. 그런데 천주교 신자들은 양반이든 서민이든, 종이든 우리 모두가 하느님의 한 자녀이기에 서로를 형제로 여기는, 그 당시로는 상상도 할 수 없는 만민평등의 박애정신으로 서로 함께 모여 기도하며 사랑을 실천하고 있었으니, 그 당시의 시대적 풍습이나 상황으로는 얼마나 놀랍도록 파격적이고 천국에서나 있을 법한 경탄할 일입니까!

그뿐 아니라 천주교인들로 의해 남존여비의 사상도 타파하고 은연중 평등사상이 퍼지고, 새로운 서구 사상과 문명을 보급시키는데 있어서도 선구자적 역할을 했던 것입니다.

우리나라 교회 초창기 때에 학자들과 양반들이, 이처럼 한편으로는 열심히 하느님의 계명을 지키며 기도 생활에 앞장을 섰고, 또 한편으로는 부지런히 예수님의 복음 말씀을 전하면서 그들 나름대로 행복한 나날을 보냈습니다.

그러나 이러한 기쁨과 행복도 오래가지는 못하였습니다. 남인

학자들의 양반과 중인계급 사이에서, 당시 쟁쟁한 학자들이 계속 영세하여 천주교를 믿게 되었으니 조정과 사상계에 일대 충격을 주게 되었던 것이지요.

원래 우리나라는 조상 대대로 불교와 유교를 생활신조로 하고 살아왔기 때문에, 특히 보수 배타주의자들인 유교 출신 세도가들이 놀라 서양의 종교인 천주학을 우리의 아름다운 미풍양속을 해치고 사회질서를 무너뜨리는 사악한 종교라고 단정함으로써, 불행하게도 천주학 즉 천주교를 반대하고 박해하기 시작했던 것입니다.

1785년 봄 현재의 서울 명동성당 자리인 명례방에서 천주학에 관한 집회를 갖고 있던 교회의 지도자들이, 마침 순찰을 돌던 나라의 관헌에 의하여 발각됨으로써 마침내 첫 번째 박해가 시작되었습니다.

애당초 나라에서는 임금보다 더 높은 상위의 존재에게 충성과 공경을 바치는 것과, 남녀와 양반과 종들이 평등하다는 사상을 가당치 않게 여겼기에, 소리 없이 퍼지고 있는 천주학을 몹쓸 역병 같은 존재로 여겨 이를 단호하게 근절시키려고 하였습니다. 그래서 백성들에게 경각심을 주기 위해 본보기 삼아 몇몇 신도들에게만 참수형(목을 베는 형벌)을 내리는 등, 가혹한 형벌을 가함으로써 끝을 맺을 계획이었습니다. 그러나 형벌을 가하면 가할수록 더욱 더 신자수가 늘어나므로 마침내 박해령은 전국으로 퍼지게 되었을 뿐 아니라, 1886년 한・불 수호조약이 체결되어 종교의 자유를 얻게 될 때까지 박해는 100여 년간 잔인하고도 끈질기게 계속되었습니다.

당시 고문도 곤장(매질), 주리, 압슬, 주뢰질, 치도곤, 육모매질, 학춤, 사모창, 톱질, 용창 등은 기본인데, 이런 형벌 자체만으로도 이루 말할 수 없이 고통스러웠지만, 감옥살이 또한 단말마의 고통 그 자체였습니다.

하루에 좁쌀 주먹밥 두 덩어리만 주고 물은 전혀 주지 않았기 때문에, 갈증과 배고픔을 견디다 못해 피와 고름으로 범벅이 되고 썩어 흐물흐물 하게 된 멍석 자락을 뜯어 씹어 먹고 심지어 구석구석 들끓는 이를 잡아먹기도 했습니다.

이렇게 굶주림과 갈증, 가려움, 고문의 상처로 온몸이 온통 성한데 없이 곪고 썩어 들어가, 건강한 사람이 들어와도 불과 2, 3주일 후엔 해골이 걸어 다니는 것이라고 여길 정도로 오로지 신앙 때문에 그들이 겪어야 했던 환난 고초는 극도로 고통스러웠다(Ridel주교, Daveluy신부 증언)고 합니다.

그렇기에 그 당시 천주교 신자들이 감옥에 갇히면, 온갖 회유를 당하는 과정에서 이루 말할 수 없는 고문을 당하며 고통을 겪다가

끝내 배교하지 않으면, 처참하게 사형을 당했습니다. 안 믿겠다고 한마디만 하거나 어떤 시늉이라도 하면 목숨을 부지할 수 있었는데도 불구하고, 끝끝내 그 한마디를 하지 않고 순교의 길을 택했던 것입니다. 그리하여 마침내는 우리나라 전국 방방곡곡에서 이름도 없이 죽어간 신자들까지 합치면, 만여 명 그 이상이 되는 천주교 신자들이 오로지 신앙을 지키기 위해 목숨을 바치고, 순교했습니다.

1886년 한불 수호통상조약 이후 그처럼 지겹고 참혹하던 박해도 씻은 듯이 끝이 나고, 비로소 천주교회 내에 신앙의 자유의 물결이 흐르게 되었습니다. 그리하여 최초의 박해 장소였던 서울 명례방 자리에 명동 주교좌성당이 건립되어 한국 천주교회의 초석이고 요람이며 중심이 되었습니다.

이때부터 봇물 터지듯 우리나라 전역에 천주교 성당이 세워지면서 자유롭게 하느님을 섬길 수 있게 되었을 뿐만 아니라 신학교, 수도회, 학교, 병원 등이 설립되면서 우리나라 개화기의 문화를 발전시키는 데 적잖은 일조를 담당하게 되었습니다.

그 후 천주교를 제외한 각종 교파의 개신교회들은, 천주교회가 이 땅에 들어와 박해시기를 지내던 100여 년이 흐른 뒤, 종교의 자유를 누리던 평화 시기에 비로소 서양 선교사들에 의하여 하나 둘씩 이 땅에 발을 들여놓기 시작했던 것입니다.

우리가 지금 자유롭게 신앙을 고백하고 누릴 수 있는 것은 순교자들은 물론, 비록 목숨을 잃지는 않았지만 신앙 하나 때문에 모든 걸 버리고 깊은 산골로 피신하여 살았던 많은 신자들 덕분입니다.

신앙 공동체가 관헌들에게 발각될까봐 발자국을 남기지 않기 위해 추운 한겨울에도 흔적이 남지 않는 차가운 냇가를 따라 걸었던 이들 한 사람 한 사람이 모두 우리 한국 천주교회의 초석입니다. 그들이 가족과 함께 일구어 왔던 모든 삶의 터전과 정들어 살아왔던 모든 친척과 이웃들, 심지어 자신의 목숨을 포기하면서까지 지키려 했던 것이 무엇인지 한번 생각해봐야 할 것입니다. 그들은 그 모든 것을 능가하면서 동시에 인간으로서는 상상할 수 없는 높은 차원의 새로운 삶이 그들을 위해 준비되어 있다는 것을 진작 깨달았기 때문입니다.

38. 하느님을 증거한 이들

어린 나이에 하느님을 증거한 순교자

우리 한국 천주교회에는 만여 명씩이나 되는 순교자들이 있다고 했습니다. 순교란 그리스도교 신앙과 진리를 증거하기 위해 온갖 형벌을 받고 죽음을, 당하는 일을 말합니다.

그 많은, 순교자들 가운데 가장 어린 나이에 순교한 유대철 성인을 소개합니다.

유대철 성인은 조상 대대로 큰 벼슬을 해온 아주 좋은 가문에서 태어났습니다. 그의 아버지 유진길은 '만 권의 책과 동서고금의 학문이 가슴에 가득한 사람'이라는 사람들의 칭찬이 자자했으며, 정3품 당상 역관이라는 높은 지위의 인물이었습니다.

좋은 집안에서 태어나 훌륭한 교육을 받고 성장한 유대철도 장차 아버지처럼 나라에 등용되어 큰일을 할 수 있는, 한마디로 앞길이 창창한 명문가 자제로 천주교를 열심히 믿는 아주 명석한 소년이었습니다.

그런데 나라에서 천주교를 박해하며 수많은 천주교 신자들을 잡아서 죽이기 시작하였습니다. 이런 상황에서 천주교 신자인 것이 밝혀져 아버지 유진길이 감옥에 갇히게 되었습니다. 아직 소년에 불과한 어린 나이의 유대철은 스스로 관가에 가서 자기도 아버지처럼 천주교 신자임을 당당히 밝혔습니다.

그래서 그도 감옥에 갇히어 온몸에 피가 나고 살점이 떨어지도록 온갖 매를 다 맞았습니다. 허벅지의 살을 뜯어내며 "이래도 천주교를 믿겠느냐?" 하고 으름장을 놓는 형리에게 "믿고말고요. 그렇게 한다고 제가 하느님을 버릴 줄 아세요?"라고 대답했다고 합니다.

이렇게 해도 꺾이지 않자 화가 난 형리는 마침내 훨훨 타오르는 시뻘건 숯불 덩어리를 입에 갖다 대며 넣으려고 하자, 그는 지체치 않고 "자요" 하면서 입을 딱 벌려 오히려 형리들을 깜짝 놀라게 하기도 하였습니다. 건장한 어른도 견뎌내기 힘든 형벌을 소년 유대철은, 100여 대의 매, 40대의 치도곤 등 모두 14차례의 모진 형벌 끝에, 1839년 10월 31일 그 가련한 작은 몸을 움켜잡고 밧줄로 목을 매, 뚫어진 바위 구멍 뒤에서 줄을 잡아당겨 죽이고 말았습니다. 이렇게 영웅적으로 자신의 신앙을 지키며 순교하게 된 그 때 그의 나이는 겨우 14세였습니다.

인간의 눈에는 온갖 고통을 다 겪은 불행한 삶으로 보이지만, 현실보다 더욱 현실적인 신앙의 세계에서 그는 영광 중에 천국에 입성하여 하느님을 직접 뵈면서, 영원한 행복을 누리며 우리를 위해 계속 기도하고 있을 것입니다.

성 유대철 소년은 굳이 관가에 제 발로 걸어 들어가 그렇게 고통스럽게 죽을 필요 없이, 혼자 열심히 신앙생활을 하는 가운데 과거에도 급제하고 높은 관직에까지 오르면서, 늙을 때까지 안정된 부귀와 영화를 마음껏 누릴 수도 있었습니다. 만일 그런 삶을 택했더라면 얼마나 일신이 편안하고 안락한 인생이었겠습니까!

그런데 왜 그는 자청하여 자신이 신자임을 밝혀서 혹독한 매를 맞으며 참혹히 죽는 길을 스스로 자진하여 선택하였을까요? 그것은 우리에 대한 사랑 때문에 우리를 위해 십자형도 마다하지 않으시고, 목숨을 바치신 예수님께 대한 사랑을 그 어린 나이에도 깊이 깨달아 알았기에 기꺼이 참혹한 죽음을 달게 받은 것입니다. 그래서 그는 어린 나이에도 불구하고 크나큰 신앙의 귀감이 된 것입니다.

이제 우리는 유대철 성인 같은 순교자들의 크나큰 희생 덕분에,

신앙의 자유가 없는 박해시대가 끝나서 더는 그런 순교를 하지 않아도 되는 시대에 살고 있습니다. 더구나 다른 나라와는 달리 종교와 종교 간의 분쟁이 이상하리만치 없다는 우리나라에서, 자유롭게 종교를 선택할 수 있고 자신의 신앙을 주저 없이 고백할 수 있는 시대적 환경에 살고 있습니다. 그러니 아직 자신의 삶에서 많은 시간이 주어진 지금, 예수님을 받아들이고 하느님을 믿음으로써, 당신을 위해 이미 하느님께서 마련해 놓으신 축복받은 고귀한 삶을 누리시길 빕니다.

39. 끊임없이 당신을 드러내시는 하느님

성경에 기록된 대로 예수님께서는 많은 기적을 행하셨습니다. 그분은 여러 차례 당신 제자들에게 예고하신 대로 십자가에 못 박혀 죽으셨으며, 돌아가신지 삼일 만에 다시 살아나셨고 제자들이 보는 가운데 하늘나라로 승천하셨습니다.

우리는 이러한 예수님을 우리와 함께 계시는 하느님으로 굳게 믿는다는 신앙을 고백합니다. 그리고 이러한 예수님을 우리 존재 안에 받아들여, 우리 삶의 인도자이며 구세주로 모시면서 우리의 모든 삶을 의탁합니다.

그런데 현대를 살아가고 있는 예수님을 믿지 않는 모든 이들은,

종종 이렇게들 말하곤 합니다. "그런 기적들이 예수님 시대에만 일어나지 말고 지금도 일어난다면 우리가 믿을 텐데…!"

그렇습니다. 그러나 신앙의 현실에서 그 기적은, 아니 그 기적보다 더 큰 기적은, 우리의 일상 안에서 매일 일어나고 있습니다. 단지 그것을 알아보는 우리의 눈이 어두울 뿐입니다.

예수님 시대 이후로 그동안 인간의 능력으로는 도저히 불가능한 엄청난 기적들을, 예수님은 온 세상 수많은 성인 성녀들을 통해 일으키셨습니다.

예수님의 수난의 다섯 상처를 그대로 몸에 받으신 프란치스코(1182년~1226년) 성인과, 또 살아생전에 수없이 환시를 통해 예수님을 뵈었을 뿐만 아니라, 하느님께 대한 사랑의 열정으로 탈혼(脫魂) 중에 심장을 찔리는 극심한 통증을 느꼈는데, 사후에 보니 그 심장에 실제로 화살로 찔린 상처가 있었던 예수의 데레사 성녀가 있습니다.

그리고 1673년부터 1675년까지 4번에 걸쳐 성녀 말가리따 마리아에게도 나타나신 예수님께서는, 그녀가 당신의 성심께 대한 신심을 널리 전하는 도구로 선택되었음을 알렸고, 특별히 첫 번째 금요일에 영성체할 것과 매주 목요일 밤에 성시간을 갖고 구속 사업에 참여하라는 신심을 교육시켰으며, 예수성심 축일의 제정을 요구하셨습니다.

네덜란드의 제르뚜르다성녀는 1340년의 주님 수난 성 금요일에 그리스도의 다섯 성흔(聖痕=못자국의 상처)을 몸에 받았습니다.

예수성심 공경의 효시가 되었던 독일의 성녀 제르뜨루다는 25세 때인 1281년 1월 27일 예수의 발현을 체험하였고, 시에나의 카타리나 성녀, 그리고 1931년 2월 22일에는 폴란드의 파우스티나 성녀에게도 나타나 하느님의 자비를 널리 알리도록 하셨습니다.

이 성녀의 사명은 성인이 되신 요한 바오로2세 교황님에 의해 예수님 부활 제 2주일을 자비의 주일로 선포됨으로써, 사랑 자체이신 하느님께서 우리에게 무상으로 주시는 당신의 자비에 대해서 우리가 깊이 깨닫고 누리도록 하셨습니다.

그 외 예수님께서는 수없이 많은 거룩한 영혼들에게 당신의 모습을 드러내셨습니다. 그러나 기적 중의 가장 큰 기적은, 한 영혼이 죄라는 죽음에서 삶으로 되살아 돌아오는 것이 가장 크면서도 진정한 기적이 아닐는지요!

옥토끼가 있으리라 생각했던 달나라에 가는 일이 더는 새로운 일이 아닐 만큼 과학은 인간이 너무도 많은 일을 할 수 있다는 것을 보여주었습니다.

인공지능까지 만들어내어 인간을 대체하는 부분들이 늘어나면서 생활은 점점 편리해지고 안정되면서, 이에 비례하여 하느님이라는 존재가 필요 없게까지 되어가고 있습니다. 그럼에도 불구하고 지금 인류의 1/3이 족히 되는 20억이 넘는 사람들이, 예수님을 믿고 하느님으로 고백하고 있으니 이것 또한 기적이 아닐 수 없습니다. 저는 이 기적에 당신을 초대합니다.

기쁨은 나눌수록 배가되고, 고통은 나눌수록 줄어든다는 말이 있습니다. 이 기쁜 소식을 당신과 함께하고 싶습니다. 당신이 살고 계신 곳에 가장 가까이에 있는 성당이나 성지를 방문해 보신다면, 이 기적들은 오래전부터 바로 당신을 위해 당신을 기다리고 있었다는 것을 깨닫게 되리라고 믿습니다.

40. 글을 마치며

예수님께서는 하느님 나라를, 밭에 묻힌 보화를 발견한 사람이 자신이 가진 것을 다 팔아 그 밭을 산 것에 비유하셨습니다.[87] 내용을 모르는 다른 이들에게는 그의 행동이 어리석게 생각되었겠지만 예수님은 그 밭을 산 이의 지혜와 용기를 칭찬하셨습니다. 저도 지금까지의 이야기들을 보화가 묻힌 밭을 알려드리는 심정으로 말씀드렸습니다. 잘 읽으셨는지요?

맛있는 음식을 먹고 싶어 조리하는 방법을 아무리 많이 읽고 조리과정의 동영상을 수없이 본다 해도, 그 음식을 직접 먹어보지 않으면 결코 맛을 알 수 없는 것처럼, 책을 통해 알게 된 하느님도

---
[87] 마태 13, 44

직접 자신이 체험하지 않으면 그저 책 속의 존재에 불과합니다.

그러니 한국 천주교회의 초석이 된 신앙의 선조들처럼, 이러저러한 책이나 계기들을 통해 알게 된 하느님을 직접 찾아 나서서 꼭 만나시기를 빕니다.

다이어트의 기본 원칙은 "내일부터"라고 합니다. 다이어트하려는 굳은 결심은 지금 했지만 엄두가 나지 않으니, 실행은 내일부터 한다는 겁니다. 마귀도 이런 인간의 약함을 너무 잘 알기에 사람을 유혹하는 가장 좋은 방법은, '다음에…'로 미루게 한다는 것이라고 앞에서 언급했었습니다. 한번 미룬 '내일'은 언제나 '내일'이 친절하게 대기하고 있을 뿐이며, 내일은 언제나 기약할 수 없는 것이 내일입니다. 그러니 초대받은 지금, 바로 나서지 않으시겠습니까?

생후 19개월 만에 열병을 앓고 난 후, 시력과 청력을 잃고 말도 못하는 3중 장애를 갖고 있는 헬렌 켈러는,[88]
"볼 수도 없고 듣지도 말도 못하는 사람이 (하느님의 존재를) 알 수 있는데, 보고 듣고 말할 수 있는 사람들이 (하느님의 존재를) 알지 못하는 것이 진짜 장애라고 생각합니다."라고 말했습니다.

---

88) 헬렌 켈러(1880. 6,27~ 1968. 6,1)

사물에 대해 아무런 개념도 가질 수 없고 이해할 길도 없었던 사람이 자신의 내면에서 하느님을 발견했다면, 하느님을 찾아 나서기에 훨씬 더 좋은 조건과 특혜를 받았음에도 불구하고 인생에서 가장 중요하고 시급한 하느님의 존재를 놓쳐서야 되겠습니까?

가톨릭교회 내외에 큰 업적을 남기신 성 바오로 6세 교황님께서도[89] "내 일생일대의 큰 행운은, 세례성사로 예수 그리스도를 만났다는 것입니다."라고 하셨습니다.

그런데도 의외로 많은 분들이,
"내 양심대로 혼자 열심히 살면 됐지, 굳이 시간을 들이며 꼭 성당에 나가야만 되나요?"라고 하시는 분들이 꽤 계셔요. 이런 분들, 혹시라도 자녀들이 "집에서 혼자 공부하면 됐지 뭣 하러 돈들이고, 시간들여 꼭 학교에 가야만 하나요?"라며 등교를 거부한다면 그땐 뭐라고 말씀해 주실런지요? 이만저만 난감한 일이 아닐 것 같습니다.

그런가 하면 "그렇게 하느님을 믿었다가 아무것도 없다면 혹시 손해나는 건 아닐까요?"라는 분들도요, 이 물음에 대해선 파스칼[90]의 말로 대신하겠습니다.
하느님이 계시다는 것을 믿지 않고 살다가 죽은 다음에 보니,

---

89) 바오로 6세 교황(1897~1978) 교황재위(1963~1978)
90) 파스칼(1623-1662) 프랑스인. 천재 물리학자, 수학자이며 사상가.

하느님도 천당도 지옥도 아무것도 없다면 그런 경우, 내가 하느님을 안 믿었던 것은 이익도 손해도 아무것도 없고, 하느님을 믿으면서 살다가 죽은 후에 보니 아무것도 없다면, 그런 경우도 첫 번째처럼 이익도 손해도 없다.

그러나 하느님의 존재를 믿지 않고 살다가 사후에 보니, 천만 뜻밖에도 실제로 하느님과 천당과 지옥이 있을 경우, 하느님을 안 믿었던 것을 한없이 후회하게 되는 엄청난 불행일 것이기에 손해이다.

그러나 그와 반대로 하느님을 믿고 열심히 공경하며 살다가 죽은 후에 보니, 과연 하느님이 계실 뿐만 아니라 하느님과 함께 끝없는 행복을 누리게 된다면, 이 얼마나 천만다행이고 엄청나게 큰 이익인가!

그러므로 결론적으로, 하느님을 믿어두는 것이 훨씬 유리하고 유익하다는 겁니다. 하느님이 정말 존재치 않는다는 확신이 서고, 여기에 대한 모든 것을 달게 받을 자신이 있으면, 믿을 필요가 없겠지만, 여전히 존재하는지 안 하는지 의심이 나고 자신이 없으면, 믿어두는 것이 손해는 아니라는 거예요. 그야말로 밑져야 본전이라는 말입니다.

이것은 파스칼의 '내기'에 나오는 내용입니다.

하느님을 믿는데도 이익과 손해를 따져보고 믿으라는 것이 아닙니다. 세상의 논리로라도 이렇게 한번쯤, 생각해 보는 것도 좋지 않을까요? 그래서 혹시라도 당신만이 이 하느님의 존재를 부인하거나 이 초대를 거절함으로써, 인생에서 가장 중요한, 누구나 원하면 가질 수 있는 밭 속에 숨겨진 보화를 잃게 되는 일은 부디 없기를 바랍니다.

예수 그리스도에 대한 이야기들을 쓴 책들을, 읽은 후 아무리 잘 이해하고 감동을 받았다해도, 그것은 신앙을 받아들인 것이 아닙니다. 그분의 말씀과 가르침을 교회 안에서 받아들이고 기도드리면서, 마치 근육을 키우려면, 매일 꾸준히 단련시키듯이[91] 생활 속에서 매일 실천해 나가야 합니다.

이 글을 읽는 당신께서도 비옥한 밭처럼 좋은 씨를 잘 가꾸어 예수 그리스도를 자신의 삶 한 가운데로 영접하여 모시기를 기원합니다. 그래서 자신은 물론 자신을 둘러싸고 있는 많은 이들에게 하느님의 나라와 하느님의 사랑을 전하고, 그들과 함께 하느님께서 우리를 위해 마련해 놓으신 영원한 생명과 행복을 상속 받으실 수 있도록 당신을 초대합니다.

---

91) 야고 2, 14-17

부록

씨 뿌리는 사람의 비유[92]

예수님께서 그들에게 많은 것을 비유로 말씀해 주셨다. "자, 씨 뿌리는 사람이 씨를 뿌리러 나갔다. 그가 씨를 뿌리는데 어떤 것들은 길에 떨어져 새들이 와서 먹어 버렸다. 어떤 것들은 흙이 많지 않은 돌밭에 떨어졌다. 흙이 깊지 않아 싹은 곧 돋아났지만, 해가 솟아오르자 타고 말았다. 뿌리가 없어서 말라 버린 것이다. 또 어떤 것들은 가시덤불 속에 떨어졌는데, 가시덤불이 자라면서 숨을 막아 버렸다. 그러나 어떤 것들은 좋은 땅에 떨어져 열매를 맺었는데, 어떤 것은 백 배, 어떤 것은 예순 배, 어떤 것은 서른 배가 되었다. (알아들을) 귀 있는 사람은 들어라."

"그러니 너희는 씨 뿌리는 사람의 비유를 새겨들어라. 누구든지

---

[92] 마태 13, 3-9, 18-23

하늘나라에 관한 말을 듣고 깨닫지 못하면, 악한 자가 와서 그 마음에 뿌려진 것을 빼앗아 간다.

길에 뿌려진 씨는 바로 그러한 사람이다. 돌밭에 뿌려진 씨는 이러한 사람이다. 그는 말씀을 들으면 곧 기쁘게 받는다. 그러나 그 사람 안에 뿌리가 없어서 오래가지 못한다. 그래서 말씀 때문에 환난이나 박해가 일어나면 그는 곧 걸려 넘어지고 만다. 가시덤불 속에 뿌려진 씨는 이러한 사람이다. 그는 말씀을 듣기는 하지만, 세상 걱정과 재물의 유혹이 그 말씀의 숨을 막아 버려 열매를 맺지 못한다.

좋은 땅에 뿌려진 씨는 이러한 사람이다. 그는 말씀을 듣고 깨닫는다. 그런 사람은 열매를 맺는데, 어떤 사람은 백 배, 어떤 사람은 예순 배, 어떤 사람은 서른 배를 낸다."

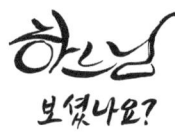

교회인가 | 2023년 3월 30일
초판 1쇄 | 2023년 6월 20일

지 은 이 | 주상배
펴 낸 이 | 전갑수
펴 낸 곳 | 기쁜소식
등 록 일 | 1989년 12월 8일
등록번호 | 제1-983호
02880 서울 성북구 성북로5길 44(성북동1가)
☎ 02·762·1194-5 FAX 02·741·7673
E-mail : goodnews1989@kakao.com

디 자 인 | 김채림

가격 15,000원

ⓒ 주상배, 2023

ISBN 978-89-6661-286-4 03230

성경 ⓒ 한국천주교중앙협의회, 2023.

이 책은 저작권법에 의해 한국 내에서 독점적인 권리를 갖는
저작물이므로 무단전재와 무단복제를 금합니다.